Inhalt

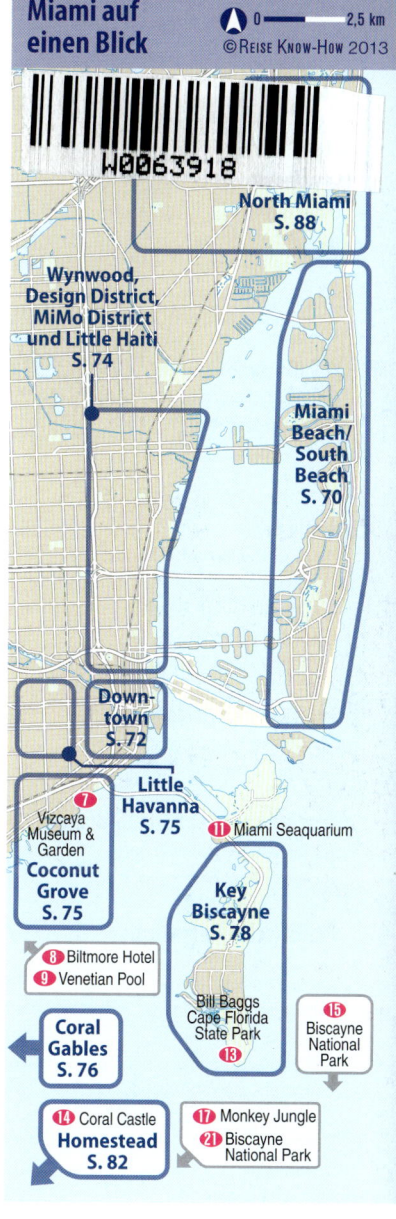

Miami auf einen Blick

0 — 2,5 km

© REISE KNOW-HOW 2013

W0063918

North Miami S. 88

Wynwood, Design District, MiMo District und Little Haiti S. 74

Miami Beach/ South Beach S. 70

Down-town S. 72

Little Havanna S. 75

❼ Vizcaya Museum & Garden
Coconut Grove S. 75

❽ Biltmore Hotel
❾ Venetian Pool

Coral Gables S. 76

❶❶ Miami Seaquarium

Key Biscayne S. 78

Bill Baggs Cape Florida State Park
❶❸

❶❺ Biscayne National Park

❶❹ Coral Castle
Homestead S. 82

❶❼ Monkey Jungle
㉑ Biscayne National Park

◁ *Ein Rettungsschwimmerturm am Strand von Miami*

Exkurse zwischendurch

Klaudia und Eberhard Homann

CITY|TRIP
MIAMI

Nicht verpassen!

Karte S. 3

7 Vizcaya Museum & Garden [en]
Diese herrlichen Gartenanlagen mit den bunten Pflanzbeeten, exotischen Gewächsen und z. T. verspielter Gartenarchitektur sowie die einzigartige Kunstsammlung sind ein Muss für jeden Miami-Besucher (s. S. 76).

8 Biltmore Hotel [cn]
Das ehemalige Grandhotel hat die wechselvolle Geschichte der letzten knapp 100 Jahre erlebt und dabei allerlei berühmte und berüchtigte Personen beherbergt (s. S. 77).

9 Venetian Pool [dm]
In dieser Poolanlage fühlt man sich fast wie in den „Wilden 1920er-Jahren". Tropische Vegetation und ein einfallsreicher Baustil verleihen dem Schwimmbad ein ganz eigenes Ambiente (s. S. 77).

11 Miami Seaquarium [fn]
Delfine, Haie, Robben, Seekühe und Killerwale sind die Attraktionen im spektakulären Seaquarium. Hier trifft man außerdem die echten Nachfahren von „Flipper" (s. S. 79).

13 Bill Baggs Cape Florida State Park [fp]
Hier kann man hautnah die Wunderwelt der Natur Floridas erleben und zugleich auf dem Gelände des Leuchtturms Geschichte erfahren (s. S. 80).

14 Coral Castle
War es Genie oder Wahnsinn, was den Erbauer unermüdlich angetrieben hat, dieses „Schloss" aus Korallenstein zu errichten und dabei außergewöhnliche Ingenieurskunst zu beweisen (s. S. 83)?

15 Biscayne National Park
Beim Schnorcheln oder bei Fahrten mit dem Glasbodenboot bekommt man Einblicke in die Unterwasserwelt des Atlantiks und der Florida Keys (s. S. 84).

17 Monkey Jungle
Eine amüsante und informative Reise in die Welt der Primaten verspricht ein Tag in diesem „Dschungel". Aber bitte immer überlegen: Wer beobachtet hier wen (s. S. 87)?

21 Everglades National Park
In diesem riesigen Gebiet kommt man den Alligatoren ganz nah. Außerdem kann man Schlangen, Echsen und allerlei Vögel beobachten (s. S. 90).

Leichte Orientierung mit dem cleveren Nummernsystem
Die Sehenswürdigkeiten der Stadt sind zum schnellen Auffinden mit fortlaufenden Nummern versehen. Diese verweisen auf die ausführliche Beschreibung im Kapitel „Miami entdecken" und zeigen auch die genaue Lage im Stadtplan.

BEACH WARNING FLAGS

Water Closed to Public

High Hazard

Medium Hazard

Low Hazard

Dangerous Marine Life

10 ST

Benutzungshinweise

Orientierungssystem

Eine **Liste der im Buch beschriebenen Örtlichkeiten** wie Sehenswürdigkeiten, Restaurants, Hotels, Cafés, Infostellen befindet sich auf Seite 140.

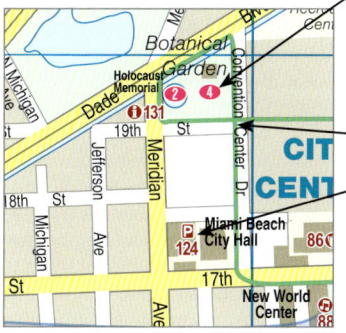

Bewertung der Sehenswürdigkeiten

★ ★ ★   auf keinen Fall verpassen
★ ★   besonders sehenswert
★   wichtige Sehenswürdigkeit für speziell interessierte Besucher

Zur schnelleren Orientierung tragen alle Hauptsehenswürdigkeiten und Lokalitäten sowohl im Text als auch im Kartenmaterial die gleiche Nummer:

❹ Mit einer fortlaufenden magentafarbenen Nummer sind die Hauptsehenswürdigkeiten gekennzeichnet. Steht die Nummer im Fließtext, verweist sie auf die Beschreibung dieser Sehenswürdigkeit im Kapitel „Miami entdecken".

❯ Die farbige Linie markiert den Verlauf des Stadtspaziergangs (s. S. 20).

🅿124 Mit Symbol und fortlaufender Nummer werden die sonstigen Lokalitäten wie Cafés, Geschäfte, Hotels, Infostellen usw. gekennzeichnet.

[E5] In eckigen Klammern steht das Planquadrat im Kartenmaterial, in diesem Beispiel Planquadrat E5.

Ortsmarken ohne Angabe des Planquadrats liegen außerhalb unserer Karten. Sie können aber wie alle Örtlichkeiten in unseren speziellen Luftbildkarten auf der Produktseite dieses Buches unter www.reise-know-how.de oder direkt unter http://ct-miami.reise-know-how.de lokalisiert werden.

Preiskategorien

Restaurants
Die Preiskategorien beziehen sich auf eine Mahlzeit ohne Getränke.

$	bis 12 $
$$	12–18 $
$$$	18–25 $
$$$$	über 25 $

Unterkünfte
Die Preiskategorien gelten für ein Doppelzimmer.

$	bis $ 80
$$	$ 80–140
$$$	$ 140–220
$$$$	über $ 220

Impressum

Klaudia und Eberhard Homann

CityTrip Miami

erschienen im
REISE KNOW-HOW Verlag Peter Rump GmbH,
Osnabrücker Str. 79, 33649 Bielefeld

© REISE KNOW-HOW Verlag Peter Rump GmbH
1. Auflage 2013
Alle Rechte vorbehalten.

ISBN 978-3-8317-2265-5
PRINTED IN GERMANY

Dieses Buch ist erhältlich in jeder Buch-
handlung Deutschlands, der Schweiz,
Österreichs, Belgiens und der Niederlande.
Bitte informieren Sie Ihren Buchhändler
über folgende Bezugsadressen:
Deutschland: Prolit GmbH, Postfach 9,
D-35461 Fernwald (Annerod)
sowie alle Barsortimente
Schweiz: AVA Verlagsauslieferung AG,
Postfach 27, CH-8910 Affoltern
Österreich: Mohr Morawa Buchvertrieb
GmbH, Sulzengasse 2, A-1230 Wien
Niederlande, Belgien: Willems
Adventure, www.willemsadventure.nl

Wer im Buchhandel kein Glück hat,
bekommt unsere Bücher auch über
unseren Büchershop im Internet:
www.reise-know-how.de

Herausgeber: Klaus Werner
Lektorat/Layout: amundo media GmbH
Karten: Ingenieurbüro B. Spachmüller,
amundo media GmbH
Druck und Bindung: Media-Print, Paderborn
Fotos: Klaudia, Eberhard und
Tanah Rebecca Homann (ho),
Cover: Dreamstime.com
Anzeigenvertrieb: KV Kommunalverlag
GmbH & Co. KG, Alte Landstraße 23,
85521 Ottobrunn, Tel. 089 928096-0,
info@kommunal-verlag.de

Latest News

Unter **www.reise-know-how.de** werden
aktuelle Ergänzungen und Änderungen
der Autoren und Leser zum vorliegen-
den Buch bereitgestellt. Sie sind auf
der Produktseite dieses CityTrip-Titels
abrufbar.

www.reise-know-how.de
- Ergänzungen nach Redaktionsschluss
- kostenlose Zusatzinfos und Downloads
- das komplette Verlagsprogramm
- aktuelle Erscheinungstermine
- Newsletter abonnieren

Verlagsshop mit Sonderangeboten

Auf ins Vergnügen

Florida und Miami – die Begriffe werden oft in einem Atemzug verwendet, dabei kann man durchaus Miami kennenlernen, ohne auch Florida zu besuchen – gemeint ist hierbei das Florida der Everglades 🔟*, der karibisch angehauchten Keys, des Müßiggangs an der Golfküste und der Rennbegeisterung Daytonas. In Miami kann man auch so herrlich entspannen, relaxen, einkaufen und feiern. Florida zu besuchen, ohne zumindest für kurze Zeit in Miami gewesen zu sein, das ist allerdings schon fast ein Frevel!*

Also nichts wie hin nach Miami! Doch wohin ist das eigentlich genau? Miami ist nicht einfach nur eine große Stadt, sondern ein **Gebiet**, das genauer auch **Greater Miami** heißt und diverse Viertel bzw. zusammengewachsene Einzelstädte umfasst. Wie so häufig in den USA werden auch hier die verschiedenen Viertel schwerpunktmäßig von bestimmten Bevölkerungsgruppen bewohnt. So sind die kubanischen Wurzeln wohl nirgends deutlicher als in **Little Havanna**, der karibisch-kreolische Einfluss prägt **Little Haiti. Coral Gables** und **Coconut Grove** sind mediterran geprägte Vororte mit größter Eleganz, **South Beach** (vor allem das Art-déco-Viertel) ist nach wie vor trendy und **Downtown** ist das Zentrum der Finanz- und Geschäftswelt, während im flughafennahen **Liberty City** eher ein Problembereich mit deutlicher Verelendung zu sehen ist. Von diesem Teil der Stadt hält man sich also besser fern.

◁ *Vorseite: Strandtaugliche Temperaturen gibt es in Miami auch im November*

Miami an einem Tag

Miami an einem Tag? Ist das zu schaffen? Die Antwort lautet: ja und nein! Miami mit all seinen Facetten zu entdecken, dauert natürlich einige Tage, aber auch an einem intensiv genutzten Tag kann man in dieser Stadt so einiges erleben und entdecken. In aller Regel kommt eine Tagestour für diejenigen in Frage, die früh mit dem Flugzeug landen und dann entweder spätabends oder erst am nächsten Tag einen Anschlussflug, z. B. in die Karibik oder nach Yucatán, haben bzw. in Miami an Bord eines Kreuzfahrtschiffes gehen.

Vom Flughafen aus fährt man über den **Airport Expressway** (State Highway 112) nach Osten, der dann später zur Interstate 195 wird und als **Julia Tuttle Causeway** zu den vorgelagerten Inseln führt. Auf dem Causeway hat man erste tolle **Panoramablicke** über die Kanäle zwischen den Inseln und dem Festland und kann große und größere Schiffe beobachten, die hier navigieren. Und trotz des sich auftürmenden Häusermeeres ist auch schon die Weite des amerikanischen Horizonts zu ahnen. Auf den Inseln angekommen, hält man sich immer weiter nach **Osten**, bis man auf der A1A endet und nur noch links (nach Norden) oder rechts (nach Süden) fahren kann. Wenige Meter

Mit dem Auto unterwegs
Für den folgenden Tagestrip sollte man entweder ein **Auto mieten** (s. S. 99) oder ein **Taxi nehmen,** was aber erheblich teurer wäre. Mit den öffentlichen Verkehrsmitteln sind die Entfernungen nicht an einem Tag zu schaffen.

EXTRAINFO

hinter den sich zum Himmel reckenden Hotel- und Appartementhäusern schlagen schon die **Wellen des Atlantiks** an den weißen Strand. In Richtung Süden (also rechts) fahrend, macht man sich auf zum bekannten **South Beach.** Entlang der **Collins Avenue** (A1A) kann man sich kaum am blauen Himmel, dem immer wieder zwischen den Gebäuden hervorblitzenden weißen Strand und dem grünlich-blau schimmernden Meer sattsehen. Während zunächst noch vor allem luxuriös und auch mondän erscheinende Gebäudegiganten das Bild beherrschen, weichen diese nach Süden immer stärker einer weniger dominierenden Bebauung, die vor allem durch ihre Pastelltöne und zahlreichen Schnörkel am Mauerwerk besticht. Hier beginnen die ersten Ausläufer des **Art-déco-Viertels.** Zwischen der 22nd und 21st Street lohnt der Blick nach rechts, denn dort befindet sich das **Bass Museum of Art ❶**. Wer mag, kann hinter dem Museum kurz parken und dann die Sonnenstrahlen im Museumspark genießen.

Auf Höhe der 17th Street folgt ein kurzer Abstecher nach Westen bis zum **Convention Center Drive.** So gelangt man zum eindrucksvollen **Holocaust Memorial ❷**. Wenn man schon in Miami ist, dann ist dieses Mahnmal gegen den Genozid einfach ein – wenn auch traurig stimmendes – Muss.

Nächster Stopp ist **South Beach** (s. S. 70). Hier pulsiert das Leben, aber als Erstes gilt es, einen Parkplatz zu ergattern. Ideal sind das Parkhaus an der Ecke Collins und 13th Street (von Norden kommend links) mit knapp 300 Stellplätzen oder der nur gut 50 Fahrzeuge fassende Parkplatz gegenüber. In der Parkgarage kann man das Ticket auch problemlos mit

der Kreditkarte zahlen, während man gegenüber Quarter oder Dollar-Scheine für den Automaten benötigt.

Nun sind es nur wenige Meter auf der 13th Street nach Osten und schon ist man am **Ocean Drive.** Auf der gegenüberliegenden Straßenseite, der **Promenade,** posen Bikini- und Badehosenschönheiten. Sie sind mit dem Skateboard und auf Inlinern unterwegs oder gehen einfach nur zum Strand. Hinunter zum Meer führt der Weg an den herrlich bunten Rettungsschwimmertürmen vorbei. Nach wenigen Hundert Metern entlang der Küste heißt es auf Höhe des unübersehbaren Gebäudes der Beach Patrol Abschied vom Wasser nehmen, denn

⌂ *Klassische Art-déco-Architektur am Ocean Drive [F6–9]*

008mi Abb.: ho

Entspannen in South Beach

Musik aus den Bars, Autos und ein babylonisches Sprachengewirr bestimmen das Ambiente von South Beach. Wer da einmal kurzzeitig fliehen möchte, sich aber nicht zu weit absetzen will, kann ganz einfach den Ocean Drive in Richtung Strand überqueren und sich dann im angrenzenden **Lummus Park** unter Palmen auf dem Rasen niederlassen. Dort streicht nur der Seewind sanft durch die Palmwedel und gelegentlich hört man die Rollen von Inlineskates auf der nahen Promende über den Beton rotieren, aber sonst hat man hier Ruhe.

am Ocean Drive wartet das **Art Deco Welcome Center** (s. S. 109) auf Besucher. Mit allen Informationen ausgestattet geht es von hier auf der gegenüberliegenden Straßenseite in eines der **Restaurants**. Ein Kaffee, ein kühles Getränk, ein Salat oder Sandwich – hier findet man alles. Anschließend folgt man dem Ocean Drive weiter nach Süden, flaniert an unzähligen weiteren Restaurants und kleinen, aber leider auch überteuerten Boutiquen vorbei und genießt das Sehen und Gesehenwerden, das hier Tag und Nacht zelebriert wird. Da röhren riesige Luxuswagen, da donnern Biker auf Harleys vorbei, es flitzen aber auch die schon bekannten Bikinimädchen mit dem Segway über den Asphalt. Je nach persönlicher Zeit kann man entweder bis zur 5th Street wandern oder bereits vorher nach Westen abbiegen. Auf der **Collins Avenue** führt der Weg dann wieder zurück zum geparkten Wagen. Unterwegs lohnen Blicke in die Schaufenster, eventuell kann man noch schnell ein T-Shirt, eine Jeans oder ein Souvenir ergattern.

Mit dem Auto geht es auf der Collins Avenue **nach Süden** zur 5th Street, in die man nach rechts (Westen) abbiegt. Sie geht nach wenigen Hundert Metern in den **MacArthur Causeway** über, der zurück aufs **Festland** führt. Herrlich glitzert rechts und links das Wasser, linker Hand befindet sich die berühmte Insel **Fisher Island**, rechts führen elegante Straßenbrücken nach **Star und Palm Island**. Auf dem Festland orientiert man sich an der US 1 (South) und kommt so direkt am Freedom Tower vorbei, an

◁ *Bunt und lebensrettend: ein Wachturm der Rettungsschwimmer*

dem **Downtown** (s. S. 72) beginnt. Die US 1 (Biscayne Boulevard) führt durch die Häuserschluchten des Geschäftsviertels und vorbei am **Bayside Marketplace** (s. S. 26).

Falls Zeit genug ist, lohnt sich von dieser Shoppingmall aus eine 90-minütige Fahrt mit **Island Queen Cruises** (s. S. 119), um Miami vom Wasser aus kennenzulernen. Ansonsten geht es auf der US 1 South bis zum mondänen Vorort **Coral Gables** (s. S. 76). An der SW 40th Street biegt man nach Westen ab und gelangt so über die SW 42nd Avenue zum **Venetian Pool** ❾, einem riesigen Swimmingpool mit türkisfarbenem Wasser und mediterranem Flair. Entweder hat

man Badebekleidung dabei – dann lohnt sich auch das Eintauchen – oder man genießt nur den Blick auf das benachbarte **Biltmore Hotel** ❽, in dem schon Al Capone residierte und wo sich heute die Reichen dieser Welt ein Stelldichein geben. Ein Nachmittagskaffee im Garten ist sicherlich ein Highlight. Auf der SW 42nd Avenue nach Norden fahrend erreicht man dann die 8th Street (Calle Ocho). Hier hält man sich nach Osten (rechts) und kommt so zwangsläufig durch das Zentrum **Little Havannas**. Je nachdem, wie viel Zeit man nun noch hat, fährt man anschließend auf der I 95 nach Norden und zurück zum Airport bzw. biegt von der I 95 in Richtung MacArthur Causeway ab, um im Port of Miami sein Kreuzfahrtschiff zu besteigen, oder man gönnt sich den Luxus und fährt die etwa 28 Kilometer bis zum William Lehman Causeway nach Norden. Hier kann man die Reisekasse in der **Aventura Mall** (s. S. 26) nachdrücklich belasten bzw. die Urlaubsgarderobe ergänzen oder überhaupt erst zusammenkaufen. Später überquert man auf dem Causeway die Wasserstraßen wieder nach Osten zum Atlantik hin, um sich dann nach Süden zu orientieren und nach wenigen Kilometern Bal Harbour zu erreichen. In den **Bal Harbour Shops** (s. S. 26) werden Luxuswaren aller Art angeboten, man kann einen Snack zu sich nehmen oder eben nur ein wenig in der idyllischen offenen Mall mit kleinen Parks und Wasserflächen schlendern. Ist dann immer noch Zeit, kann man erneut nach **South Beach** fahren, um dort in einem der Klubs den Tag ausklingen zu lassen, vorausgesetzt, man kommt am Türsteher vorbei. Eventuell kann hier die neue Kleidung aus den Bal Harbour Shops helfen.

KLEINE PAUSE

News Cafe

Frühstück oder einen Snack zwischendurch sowie nationale und internationale Presse, gute Musik und eine rundum angenehme Atmosphäre – das News Cafe lädt beim Bummel in South Beach zum Verweilen.

🔴1 [F7] **News Cafe**, 800 Ocean Drive, South Beach, Tel. 305–5386397, www.newscafe.com, rund im die Uhr geöffnet

Café con Leche

Eigentlich nennt man so den kubanischen Milchkaffee, aber im Bayside Marketplace heißt eine kleine Kaffeebar genauso und serviert besten kubanischen Kaffee mit authentischem Flair.

🔴2 [C7] **Café con Leche**, 401 Biscayne Boulevard, Bayside Marketplace North Pavilion, Tel. 305–5256445, geöffnet: Mo–Do 10–22 Uhr, Fr/Sa bis 23 Uhr, So bis 21 Uhr

Ein Kurztrip nach Miami

Miami – das bedeutet Strand, Party, Sightseeing und Shopping. Auch wenn das Stadtgebiet sehr groß ist, kann man all dies sogar in knapper Zeit erledigen, zumindest dann, wenn man sich beim Einkaufen schon vorher genau überlegt hat, was man denn so haben möchte.

Erster Tag

Der erste Tag in Miami? Da heißt es ankommen und erste Eindrücke gewinnen. Am besten geht das in **South Beach** (s. S. 70), wo einen der erste Weg zum **Art Deco Welcome Center** (s. S. 109) führt, um aktuellste Informationen einzuholen. Ausgerüstet mit Broschüren geht es nun zu einem ausgiebigen Strandspaziergang nach Süden. Vorbei an den hübschen bunten und unterschiedlich geformten Wachhäuschen der Beach Patrol, (Sonnen-)Badenden, Strandspiele spielenden und posenden Menschen kann man sich hier irgendwo sein persönliches Stück Strand suchen und die Seele baumeln lassen. Je nach Persönlichkeit mag dies länger oder weniger lang dauern und einen kürzeren oder auch längeren Spaziergang bedingen, aber irgendwann ist es genug, dann geht es zurück zum **Ocean Drive**. Hier sucht man sich ein nettes Restaurant oder eine Bar und genießt das subtropische Leben bei Kaffee, kühlen Drinks oder einem Mittagessen. Hier ist man mitten drin im **Art-déco-Viertel** mit seinen Pastellfarben und geometrischen Formen an und in den Fassaden. Hier pulsiert das Leben, hier blubbern die Motoren von Sportwagen und dahinrollenden Bikes, hier wummern die Bässe aus den Fenstern der SUVs, hier gleiten Segway-Fahrer, Skater und Radfahrer fast lautlos über den Asphalt und überall sieht man viel nackte Haut. Miami ist sexy und South Beach ganz besonders. Während man an den restaurierten Gebäuden entlangflaniert, kann man die unterschiedlichsten Eindrücke sammeln. Mal verkauft jemand CDs von einer neuen, bisher unbekannten Musikgruppe (werden das vielleicht mal Stars?), Mädchen mit Bauchladen handeln mit Zigarren und überall bieten fliegende Händler allerlei Schnickschnack feil. In verschiedenen kleinen Läden kann man alles kaufen, was man für einen Strandtag benötigt. Im Norden endet der Ocean Drive an der 15th Street. Folgt man dieser Straße, gelangt man zur Collins Avenue, auf der man dann nach Norden bis zur **Lincoln Road** spaziert. Sie ist größtenteils eine Fußgänger- und Einkaufszone, in der man einen guten Überblick über die Warenauswahl in Miami erhalten kann. Wer sich dem Kaufrausch entziehen möchte, biegt an der zweiten Querstraße nach rechts ab (Norden) und gelangt nach nur etwa einem Kilometer zum **Holocaust Memorial** ❷. Gegenüber befindet sich der **Miami Beach Botanical Garden** ❹, dem man einen kleinen Besuch abstatten kann. Zurück geht es am **The Fillmore Miami Beach at the Jackson Gleason Theater** (s. S. 49) vorbei zum Hank Meyer Boulevard und von dort nach Osten zur Washington Avenue. Sie führt parallel zur Collins Avenue wieder zurück zum Strand. An der Ecke 12th Street befindet sich das **World Erotic Art Museum** (s. S. 51), das man bei Interesse noch gut besuchen kann, bevor man zum Hotel zurückkehrt, sich frisch macht und sich dann zum Dinner und Nightlife zurück an den Ocean Drive begibt. Ist noch genügend Zeit, kann man vom **South Pointe Park** (s. S. 21) aus den herrlichen Sonnenuntergang über Downtown beobachten.

Zweiter Tag

Nach dem Frühstück heißt es Autofahren. Erster Stopp ist die Shoppingmall **Bayside Marketplace** (s. S. 26) in Downtown. Ideal wäre es außerdem, sich noch am Vormittag an Bord der **Island Queen Cruises** (s. S. 119) zu begeben, um den Hafen und die Inseln zu erkunden und all ihre kleinen und großen Geschichten über reiche, berühmte und berüchtigte Persönlichkeiten zu erfahren. Zurück an der Marina kann man schnell einen Snack in einem der vielen Restaurants einpacken und dann über den **Rickenbacker Causeway** nach **Key Biscayne** (s. S. 78) fahren. Auf dieser Brücke kann man anhalten und unter Palmen und Strandkasuarinen die mitgebrachten Snacks verspeisen, vor sich das Meer und den blauen Himmel und jenseits der Bucht die glitzernden Türme von Miami Downtown.

Für Tierliebhaber und Aquarianer ist der nächste Stopp das **Miami Seaquarium** ⑪ mit seinen Robben-, Wal- und Delfinshows, dem Hai- und dem Krokodilgehege. Obwohl schon am Tag zuvor ein **Strandaufenthalt** eingeplant war, lohnt auch auf Key Biscayne noch einmal der Weg zum Strand, gehört er doch zu den schönsten der USA. Dann wartet aber der **Bill Baggs Cape Florida State Park** ⑬ mit seinem alten Leuchtturm und dem kleinen Museum auf einen Besuch.

Zurück auf dem Festland (über den Causeway) geht es auf der US 1 zunächst nach Coconut Grove mit dem

009 mi Abb.: ho

Vizcaya Museum ❼, der ehemaligen Winterresidenz des Industriemagnaten James Deering, der das Anwesen ganz im italienischen Renaissancestil errichtete. Gefolgt wird der Besuch dort von einem Bummel im luxuriösen **CocoWalk** (s. S. 26), der Shoppingmall des Stadtteils.

Östlich liegt das attraktive **Coral Gables**, das man durch verzierte Stadttore erreicht. Die Fassaden der Häuser vertrömen mediterrane Atmosphäre, der Blick zum **Venetian Pool** ❾, der in den 1920er-Jahren in einem ehemaligen Steinbruch erbaut wurde, tut ein Übriges. Will man mehr Luxus, darf der Be-

◪ *Grelle Farben und ein wenig Nostalgie bestimmen den Ocean Drive [F6–9] in South Beach*

such des **Biltmore Hotel** 🔟 nicht fehlen, darf es etwas weniger sein, sollte man zumindest ein kleines Stück auf der Einkaufsstraße **Miracle Mile** (s. S. 28) schlendern. Nach so viel Exklusivität folgt nun die Exotik, denn nur wenige Straßen weiter nach Norden ist die 8th Street (Calle Ocho) erreicht und somit das Zentrum **Little Havannas.** Spätestens hier sollte man sich inmitten kubanischen Flairs ein Plätzchen für den Kaffee suchen, gern original kubanisch als Café con Leche (Milchkaffee) oder Café Cubano (starker, süßer Espresso) bestellt.

Die SW 37th Street führt nach Norden zum Dolphin Expressway und dieser zwangsläufig im Westen zur **Dolphin Mall** (s. S. 28). Die Outlet Mall bietet alles, was des Shoppers Herz begehrt und das zu sehr günstigen Preisen, die man mit einem Coupon Booklet (s. S. 31) aus dem Visitor Center sogar nochmals reduzieren kann. Nach dem anstrengenden Kultur- und Sightseeing-Programm folgt nun also das nicht minder anstrengende Shopping, und zwar in exotischer Umgebung, denn Europäer sind hier eher die Ausnahme: Hier kaufen vielfach Besucher aus Mittel- und Südamerika ein.

Dritter Tag

Nach einem zeitigen Frühstück geht es zunächst auf dem Tamiami Trail (US 41) weit nach Westen in die **Everglades** 🔴. Ziel ist das **Shark Valley Visitor Center** (s. S. 94), von dem aus man eine etwa zweistündige Radtour durch den Sumpf unternehmen oder sich etwa eine Stunde auf den Trails des Centers aufhalten kann. Verschiedene Wasservogelarten, Alligatoren, kleine Anolis-Echsen und mit etwas Glück auch Schlangen

können hier entdeckt werden. Eine Ausstellung informiert über das fragile Ökosystem. Zurück geht es bis zur Kreuzung US 41/State Highway 997 mit dem Miccosukee Resort and Casino, in dem die indianische Bevölkerung die Möglichkeit hat, dem „weißen Mann" ungestraft an den Geldbeutel zu gehen.

Der State Highway 997 führt nach Süden in den am weitesten von Miami Downtown entfernten Teil des Stadtgebiets, **Homestead.** In der gesamten Gegend findet sich vor allem Farmland, wo auf riesigen Anbauflächen meist Zitrusfrüchte angebaut werden. In Homestead angekommen, kann man zum **Ernest F. Coe Visitor Center** (s. S. 91) des Everglades National Park fahren, um einen weiteren Einblick in dieses Ökosystem zu bekommen. Allerdings kostet eine solche Tour Zeit, sodass man hier etwa einen Tag kalkulieren muss und den auch gut ausfüllt. Man sollte in Homestead übernachten (s. S. 94), damit man am Folgetag Zeit hat, sich wieder nach Norden hochzuarbeiten. Nach dem Besuch der Everglades lohnt in Homestead dann ein Shoppingtrip ins **Florida Keys Outlet Center** (s. S. 94, unmittelbar an der US1).

Nach so viel Natur und Konsum darf es dann später wieder etwas Kultur sein. Zunächst am **Coral Castle** 🔴 (an der US1 an der nördlichen Stadtgrenze von Homestead). 20 Jahre lang baute Edward Leedskalnin aus Liebeskummer mit gut 1100 Tonnen Korallen seine Festung, die meisterlich ist, was die Mechanik angeht, vom Gesamtkonstrukt aber eher irrsinnig anmutet. Deutlich weniger wahnsinnig zeigt sich dagegen der **Monkey Jungle** 🔴, in dem Besucher unsere nahen Verwandten in großzü-

Das gibt es nur in Miami

> **Art-déco-Viertel:** *Kilometerlang zieht sich der weiße Sandstrand zwischen dem Atlantik und den Hochhäusern dahin und an seinem Rand stehen die bunten, verzierten, manchmal verspielten Fassaden der Häuser aus dem Art déco (s. S. 53). Dazu passen die bonbonfarbenen Wachhäuser am Strand, von denen aus die Rettungsschwimmer Obacht geben.*

> **Alligatoren in der Stadt:** *Zumindest am westlichen und südlichen Stadtrand sind die gewaltigen Panzerechsen nichts Außergewöhnliches. Selbst vor dem Pool von Privathäusern scheuen sie nicht zurück, wenn sie ein Bad nehmen möchten (s. S. 92).*

> **Keine kubanischen Zigarren:** *Seit dem Bann gegen den Import kubanischer Waren (1960er-Jahre) kann man auch in Miami mit seiner großen Zahl kubanischer Einwanderer keine Zigarren aus Kuba kaufen. Manche finden allerdings den Weg über andere Karibikstaaten, andere werden geschmuggelt, denn mit dem Bann begann auch der Run auf die illegalen Zigarren.*

> **Mangrovendschungel und Sternegastronomie:** *In Miami kann man in Weltklassehotels gediegen frühstücken, dann in Outdoorkleidung zur Erkundung des Mangrovendschungels auf Key Biscayne oder in den Everglades ㉑ ausrücken, später einen Tauchtrip in die Unterwasserwelt der Keys unternehmen und sich abends wieder von Sterneköchen verwöhnen lassen.*

> **Fahrt mit dem Airboat:** *Etwa 30 bis 45 Minuten dauern die Touren mit den von röhrenden Propellermotoren angetriebenen Booten, die über den Sumpf rasen. Im Everglades National Park ㉑ sind sie aus gutem Grund verboten, denn der Lärm schädigt nicht nur die Ohren der Mitfahrer, sondern verjagt auch die Tierwelt. Trotzdem ist eine solche Fahrt durchaus eine reizvolle Erfahrung und die Touren kann man an allen Zufahrtsstraßen zum Nationalpark bzw. am Tamiami Trail (US41) buchen.*

⊡ *Der Name ist Programm: mit einem Powerboat kann man vom Bayside Marketplace (s. S. 26) aus übers Meer flitzen*

010mi Abb.: ho

gigen Gehegen beobachten können. Wenige Meilen entfernt wartet dann mit dem **Miami Metro Zoo** ⑱ ein weiteres zoologisches Highlight. Tiere aus Asien, Australien und Afrika leben hier in Gehegen, die ihrer natürlichen Umwelt nachempfunden sind, sodass der Besucher schon das Gefühl bekommen kann, auf einer Safari zu sein. Letztes Naturhighlight ist der Besuch in den **Fairchild Tropical Botanic Gardens** ⑲ in Pine Crest. Neben hübschen Gartenanlagen überzeugt hier vor allem der große „tropische Regenwald", der den Besucher mit Baumriesen, gigantischen Blättern und Luftwurzeln in seinen Bann zieht.

Den Abend kann man dann wieder ganz gemütlich an der Bar des Hotels, am Pool oder in einem der Klubs in South Beach ausklingen lassen.

☑ *Miami-Souvenirs gibt es in allen Varianten und Farben*

011mi Abb.: ho

Vierter Tag

Vergessen Sie alle Malls, die Sie bisher gesehen haben. Heute geht es über die Stadtgrenzen hinaus nach Fort Lauderdale zur **Sawgrass Mills Mall** (s. S. 28). Hier finden Kaufwillige alle Marken von Weltruhm, hier kann man täglich sparen, und wer dann noch eines der Coupon Booklets (s. S. 31) dabeihat, erhält in vielen Geschäften zusätzlichen Rabatt. Egal ob Armani, Brooks Brothers, Calvin Klein, Donna Karan, Guess, Levi's oder wie sie alle heißen – hier wird jeder fündig. Ist der Hunger nach dem stundenlangen Shopping groß, schaffen der riesige Food Court, das Rain Forest Cafe oder die verschiedenen Restaurants am Ausgang The Colonnade Abhilfe. Hier befinden sich zudem die luxuriösesten Label, bei denen man auch sparen kann, so z. B. im TAG-Heuer-Uhrenshop.

Steht nach diesem Kaufrausch noch etwas auf der Liste, was man im Outlet nicht bekommen hat, lohnt auf dem Rückweg nach Miami der Stopp an der **Aventura Mall** (s. S. 26). Soll es noch luxuriöser sein, ist ein weiterer Stopp an den **Bal Harbour Shops** (s. S. 26) fällig. Zwar gibt es hier nur Luxuslabel und die haben ihren Preis, aber man kann bei Sales und durch den günstigen Dollarwechselkurs trotzdem sparen.

Zum Abschluss des Tages lockt dann noch einmal das Bad im Atlantik. Ärgerlich ist es dann, wenn man keine Badebekleidung dabeihat. Doch das ist heute kein wirkliches Problem, denn der **Haulover Beach** (s. S. 54) bietet an seinem nördlichen Ende den einzigen (offiziellen) *optional clothing beach*. Hier kann man hüllenlos baden, muss es aber nicht.

Auf ins Vergnügen **17**

Zur richtigen Zeit am richtigen Ort

Zur richtigen Zeit am richtigen Ort

Miamis Veranstaltungskalender ist voll von unterschiedlichen Events. Eine komplette Liste findet man online unter www.miamiandbeaches.com oder auch unter www.miami.eventguide.com.

Januar

> **Art Deco Weekend Festival.** Im gesamten Art-déco-Viertel werden Filme gezeigt, Touren erläutern die Geschichte des Viertels und Musik, Tanz und andere Veranstaltungen helfen die Zeit des Art déco zu verstehen (www.mdpl.org).
> **Art Miami** und **Beaux Arts Festival.** Beide Events stehen unter dem Stichwort „Kunstgenuss" und finden in Galerien, Museen und anderen Veranstaltungsorten statt (www.art-miami.com).
> **Homestead Championship Rodeo.** Sonst wird das Rodeo nur mit dem „wilden Westen" verbunden, aber die Cowboys aus dem Süden Floridas zeigen, dass sie es ebenso gut können (www.homesteadrodeo.com).

Februar

> **Miami International Boat Show.** Über 2000 Aussteller zeigen u. a. am Miami Beach Convention Center die neuesten Bootsmodelle (www.miamiboatshow.com).
> **Caribbean Festival.** Der Bayfront Park wird am letzten Februarwochenende zu einer bunten karibischen Partymeile (www.miamicarnival.net).

März

> **NASDAQ 100 Open.** Internationales Tennisturnier im Tenniscenter des Crandon Park **12** (www.miamiandbeaches.com).

> **Ultra Music Festival.** Den ganzen Monat lang beleben bekannte und weniger bekannte Gruppen sowie Newcomer den Bicentennial Park mit ihrer Musik (www.ultramusicfestival.com).
> **Winter Party.** Diese jährliche Veranstaltung der National Gay and Lesbian Task Force lässt South Beach tagelang zu einer riesigen Partyzone werden (www.winterparty.com).
> **Miami International Film Festival.** Das Miami Dade College veranstaltet dieses Filmfestival, bei dem regionale, nationale und internationale Filme in verschiedenen Kinos in Miami und Miami Beach gezeigt werden (www.miamifilmfestival.com).
> **Miami Sailing Week.** In der Biscayne Bay finden eine Woche lang verschiedene Regatten statt (www.miamisailingweek.com).
> **Calle Ocho.** Der Name (übersetzt „8th Street") ist Programm. In der 8th Street feiert sich die kubanische Gemeinde und lädt zum Mitfeiern ein (www.miamiandbeaches.com).
> **Miami Grand Prix.** Auf dem Homestead Speedway können Rennbegeisterte rasenden Autos zusehen (www.homesteadmiamispeedway.com).
> **Sony Ericsson Open.** Das Tennis-Event der ATA und WTA findet im Tenniscenter des Crandon Park **12** statt (www.miamiandbeaches.com).

April

> **Major League Baseball.** Der amerikanische Nationalsport beginnt seine Saison mit Heimspielen. Dazu gehören zahlreiche Shows und natürlich der Kampf um den Sieg (http://miami.marlins.mlb.com).
> **Miami River Day Festival.** Das Festival bietet Bootstouren und -rennen, essen,

Zur richtigen Zeit am richtigen Ort

trinken und viel Kinderprogramm – und
das alles, um die Bedeutung der Region
um den Miami River zu würdigen (www.
miamirivercommission.org).

> **Miami Beach Gay Pride Festival** und
Miami Gay and Lesbian Film Festival.
Die Homosexuellenszene Miamis kommt
alljährlich zu diesem Event zusammen,
um sich entlang des Ocean Drive zu prä-
sentieren und zu feiern. Während des
anschließenden Filmfestivals zeigen
verschiedene Kinos Filme, die Homosexualität zum Thema haben (www.miami
beachgaypride.com).

Mai

> **Great Sunrise Balloon Race.** Zahlreiche
Heißluftballons starten vom Kendall-
Tamiami Executive Airport zu ihrem all-
jährlichen Rennen (http://www.miami.
world-guides.com/miami_events.html).

Juni

> **Miami Romance Month.** Der ganze
Monat steht unter dem Stichwort
„Romantik". Restaurants, Hotels und
verschiedene Geschäfte bieten ihren
Gästen dann spezielle Packages an
(www.miamiandbeaches.com).
> **Sunny Isles Beach Offshore Powerboat
Challenge Weekend.** Mitte Juni rasen
ein Wochenende lang die stark motori-
sierten Powerboote rund um die Sunny
Isles und versuchen, Geschwindigkeits-
rekorde zu brechen (www.southbeach-
usa.com).

Juli, August, September

> **America's Birthday Bash.** Dies ist nur
eine der vielen Veranstaltungen zum 4.
Juli, dem Geburtstag der USA. Das Event
findet im Bayfront Park statt, andere
überall in der Stadt (www.miamiand
beaches.com).

012 mi Abb.: ho

> **Super Sand Blast.** Zwischen der 9th und
10th Street kommt es im August zum
alles entscheidenden Kampf um den
Bau der schönsten und größten Sand-
burg (www. miami.eventguide.com).

Oktober

> **Miami Attractions Month.** Der Monat
steht unter dem Stichwort „Sehenswürdigkeiten" und bietet Besuchern besondere Vorteile, oft z. B. „buy 1 get 1 other
great offer", man besucht also eine
Sehenswürdigkeit und bekommt z. B.
ein zweites Ticket gratis (www.miamiand
beaches.com). In manchen Sehenswür-

⌂ *An Halloween ist man
auch in Miami im Dekowahn*

digkeiten gibt es zudem noch ein kleines Souvenir dazu. Diese Aktion wird seit 2008 veranstaltet und lohnt sich besonders für Familien.

❯ **Columbus Day Regatta.** Am Tag, an dem Kolumbus Amerika entdeckt haben soll, findet vor der Küste eine große Regatta statt. Gefeiert wird am 2. Montag im Oktober. Rund um diesen Tag gibt es zudem Drachenbootrennen (www.columbusdayregatta.net).

❯ **Halloween.** Ende Oktober wird das berühmte Fest gefeiert und schon tagelang vorher die Häuser auf gruselig oder anderweitig skurril geschmückt.

November

❯ **Wings over Homestead.** Auf der Air Force Base von Homestead findet eine tolle Flugshow statt, bei der man nebenbei auch viel über die Fliegerei erfahren kann (www.wingsoverhomestead.com).

❯ **Thanksgiving Day Parade.** Am 4. Donnerstag im November wird das Erntedankfest gefeiert und dazu findet eine große Parade auf der 125th Street (zwischen NE 6th und NE 12th Avenue) statt (www.miamiandbeaches.com).

Dezember

❯ **Art Miami, Art Basel.** In Galerien, Museen und andere Ausstellungsräumen wird dieses Event zelebriert, das eine Schwester der Art Basel ist (www.miamibeach.artbasel.com). Man erlebt drei Tage lang Kunst in allen Facetten, von besonderen Ausstellungen in Museen, über Partys in Gallerien, neueste Filme in Kinos und Musikdarbietungen bis zu Führungen zu Archtektur und Design wird alles geboten.

❯ **New Year's Eve at Bayfront Park.** Im Park findet alljährlich eine riesige Party mit Musik, Tanz und Feuerwerk statt (www.miamiandbeaches.com).

Miami für Citybummler

Sonne, Sand und Meer, Luxusautos, braungebrannte und athletisch gestylte Körper, gerne auch sexy bekleidet, dieses Image hat die Stadt schon seit vielen Jahren durch die Werbung und noch viel mehr durch Kinofilme und TV-Serien. Miami ist hip, weiß es und zeigt es auch. Hier kann man ständig feiern, aber sich eben auch nur sonnen, im Pool oder Atlantik baden, den weiten blauen Himmel genießen oder einen endlosen Strandspaziergang unternehmen. Wer darüber hinaus auch noch Kultur und/oder Natur erleben möchte, ist hier gerade richtig.

Das unnachahmliche Flair der Stadt erlebt man am besten, wenn man abends vom **Rickenbacker Causeway** oder vom **South Pointe Park** nach Westen in den Sonnenuntergang schaut: Der Himmel färbt sich orange mit violett erscheinen-

Feiertage

❯ *New Year (1. Januar)*
❯ *Martin Luther King Day (3. Montag im Januar)*
❯ *President's Day (3. Montag im Februar)*
❯ *Easter Weekend (März/April)*
❯ *Memorial Day (letzter Montag im Mai)*
❯ *Independence Day (4. Juli)*
❯ *Labor Day (1. Montag im September)*
❯ *Columbus Day (2. Montag im Oktober)*
❯ *Veteran's Day (11. November)*
❯ *Thanksgiving (4. Donnerstag im November)*
❯ *Christmas (25. Dezember)*

013 mi Abb.: ho

Bei so einer Größe kann man sich leider nicht mehr überall zu Fuß umsehen und außerdem ist Miami eine **Autofahrerstadt.** Doch obwohl viele Sehenswürdigkeiten über das Stadtgebiet verteilt sind oder z. T. sogar außerhalb liegen, kann man dennoch manchmal auf den Pkw verzichten: In den einzelnen Stadtteilen sind die sehenswerten Bereiche nämlich wieder zu Fuß oder wie in South Beach mit dem Mietfahrrad, dem Deco Bike (s. S. 115), zu erreichen. Zwischen den einzelnen Stadtteilen lohnt sich aber auf jeden Fall der **Mietwagen,** wenngleich es auch ein ganz gut arbeitendes **Bus- und Bahnsystem** gibt. Leider sind viele Sehenswürdigkeiten weit von den Haltestellen entfernt und die Flexibilität wird durch die Fahrpläne eingeschränkt, was bei den z. T. sehr großen Entfernungen schon Probleme machen kann. Anders ist das nur in Downtown, wo man die kostenlose Hochbahn **Metromover** nutzen kann.

den Wolkenstreifen, das Wasser der Biscayne Bay funkelt türkis und der Seewind streicht sanft über Haut und Haar, dazu kommen die fremdartigen Gerüche und die Vielfalt der Sprachen. Kein Wunder, dass diese Stadt Millionen von Menschen anzieht, darunter auch zahlreiche „Celebrities", die hier ihr Domizil haben. Platz gibt es reichlich, denn das **Stadtgebiet** umfasst etwa 142 Quadratkilometer, von denen immerhin gut 92 Quadratkilometer Landfläche sind.

Stadtspaziergang durch South Beach

Ein Rundgang kann gut am **Ocean Drive,** genauer am **Art Deco Welcome Center** (s. S. 109), beginnen, wo man alles Wissenswerte zum Thema South Beach erfährt. Jenseits des Ocean Drive sind die bunten Fassaden der restaurierten Gebäude zu sehen, die vor allem Kneipen, Restaurants, Hotels und einige wenige Ladengeschäfte beherbergen. Bleibt man auf der

⌂ Immer schön vorsichtig! Auf dem Ocean Drive [F6–9] begegnen sich die unterschiedlichsten Fahrzeuge.

Routenverlauf im Stadtplan
Der hier beschriebene Spaziergang ist mit einer farbigen Linie im Stadtplan eingezeichnet.

östlichen Straßenseite, kann man die Häuser besonders gut bewundern.

Nach einigen Hundert Metern in Richtung Süden endet der an die Straße grenzende Strandbereich. Ab hier folgt man dem kombinierten Fußgänger- und Radweg östlich der Bebauung. Nach einigen Häuserblocks und kleinen Parkanlagen erreicht man kurze Zeit später den **South Pointe Park** [F9] mit dem South Beach Fishing Pier. Hier kann man Atlantikluft genießen und den Blick über den Ozean schweifen lassen – aber nur nach Osten, denn westlich befindet sich die Zufahrt zum Hafen von Miami und südlich die Luxusinsel Fisher Island. Bei gutem Wetter lohnt sich der Weg hierher vor allem auch zum Sonnenuntergang, wenn die

Entspannung am Rickenbacker Causeway

Der Rickenbacker Causeway verbindet das Festland mit den vorgelagerten Inseln **Virginia Key** *und* **Key Biscayne.** *Seinen Namen verdankt die 3,9 Meilen lange Straße mit verschiedenen Brücken* **Edward Vernon Rickenbacker** *(1890-1973), der als hochdekorierter und erfolgreichster Kampfflieger aus dem Ersten Weltkrieg in die USA zurückkehrte und sich als Rennfahrer und Unternehmer hervortat.*

Der Causeway hat eine **wechselhafte Geschichte:** *Schon ab 1926 hatten zwischen der Stadt Miami und* **William John Matheson,** *der fast zwei Drittel von Key Biscayne besaß, Gespräche über den Bau einer Brücke begonnen, um die Insel als Urlaubsort zu erschließen. Ein verheerender Hurricane (18. September 1926) verwüstete dann aber weite Teile der Insel und ließ so manchen Traum vom Urlaubsparadies platzen. Mit dem Rückzug der Investoren ließ auch das Interesse an der Brücke nach. 1939 verkündete die US Navy ihr Interesse an Virginia Key, um hier einen Stützpunkt für ihre Schiffe und Marineflieger zu bauen. Plötzlich gab es wieder die Pläne für eine Brücke, deren Bau 1941 auch begann, aber mit dem Angriff der Japaner auf Pearl Harbor und* dem Eintritt der USA in den Zweiten Weltkrieg sofort wieder auf Eis gelegt wurde. Erst nach dem Krieg interessierten sich wieder Investoren für die Inseln und damit eine Brückenverbindung, die schließlich 1947 als etwa 6 Kilometer lange Straße (wobei knapp 2 Kilometer davon Brücken sind) fertiggestellt wurde.

Heute ist dieser Causeway eine wichtige Verbindung nach Key Biscayne, vor allem seit das Seaquarium ⓫ *hier seine Pforten eröffnete. Alte Brückenteile blieben erhalten und dienen als* **Pier zum Fischen,** *kleinere* **Inselchen** *bieten Parkplätze und sind eine willkommene* **Oase der Ruhe** *abseits des Touristenrummels. Dies gilt besonders auf dem ersten Inselchen (nur wenige Hundert Meter nach der Mautstation). Unter Palmen kann man hier den herrlichen* **Blick auf Miami** *- vor allem bei Sonnenuntergang - genießen, am Sandstrand entlangschlendern oder einfach nur ein Picknick veranstalten. Hat man vergessen, dafür einzukaufen, ist das auch kein Problem, denn für den kleinen Hunger oder den großen Durst kann man allerlei Snacks und Softdrinks am mobilen Kiosk bekommen, der hier tagsüber steht.*

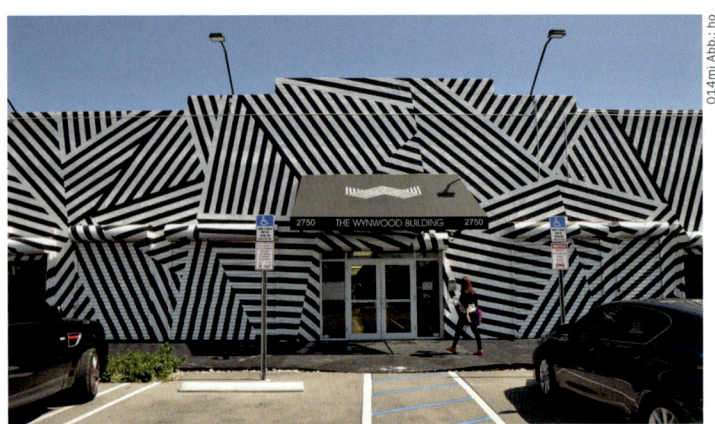

014mi Abb.: ho

Sonne spektakulär hinter der Skyline Miamis versinkt.

Nach diesem ersten Blick auf die Region, folgt jetzt die Wanderung am breiten **Sandstrand** nach Norden. Klassisch für diese Gegend sind die bunten Türme der Rettungsschwimmer, die am Strand auf Surfer und Schwimmer achtgeben. Sonnenhungrige und mehr oder weniger bekleidete Schönheiten räkeln sich im Sand, spielen im Wasser oder posieren. Mit feuchten Füßen und den Schuhen in der Hand gelangt man nach etwa 2,5 Kilometern zu dem Bereich, an dem der Ocean Drive endet. Erkennbar ist dies an der Bebauung bis an den Strand. Zurück in die „Zivilisation" führt der Weg nach Westen bis zur **Collins Avenue**, der man dann nach Norden folgt. Hier herrscht fast immer geschäftiges Treiben, zum Meer hin stehen große Hotels und auf der gegenüberliegenden Straßenseite befinden sich kleinere Geschäfts-

⌂ Im Wynwood Art District geht man auch bei der Fassadengestaltung eigene Wege

häuser, Kinos und Restaurants. Am Collins Park (Ecke 22nd Street) geht es von der Collins Avenue nach Westen zur Park Avenue. An der Kreuzung befindet sich das **Bass Museum of Art** ❶. In südlicher Richtung gelangt man über die Park Avenue bis zur 19th Street, an der wieder die Washington Avenue beginnt. Gegenüber (westlich) befindet sich das **Miami Beach Convention Center** (im Westen begrenzt vom Convention Center Drive). Überquert man das Gelände des Convention Center nach Westen, gelangt man zur Verlängerung der 19th Street. Nun sind es nur noch wenige Schritte bis zum **Holocaust Memorial** ❷ (Ecke Meridian Avenue), das an während der NS-Zeit getöteten Juden gewidmet ist.

Gegenüber kann man sich dann im **Botanischen Garten** ❹ an der Pracht der Pflanzenwelt ergötzen. Über den Convention Center Drive gelangt man nach Süden zurück zum Hank Meyer Boulevard (17th Street), folgt dieser Straße nach links (Osten) und kommt so zurück zur Washington Avenue. An dieser Kreuzung befinden sich das **The Filmore Miami**

Beach at the Jackson Gleason The-
atre (s. S. 49) und das **New World
Center** (s. S. 49). Ein paar Blocks
weiter südlich steht man vor dem
World Erotic Art Museum (s. S. 51),
für das man allerdings ein Mindestal-
ter von 21 Jahren haben muss. Über
eine der nächsten Querstraßen erreicht man wieder den **Ocean Drive**
und somit wieder den Ausgangspunkt
des Spaziergangs, der jetzt etwa drei
Stunden gedauert haben dürfte.

Weitere Stadterkundung

Für die weitere Erkundung des Stadtgebiets heißt es fahren – mit dem
Taxi oder dem Mietwagen –, und
zwar nach Norden. Auf der A1A geht
es, vorbei an riesigen Hotelgebäu-
den – darunter das **Fontainebleau**
(s. S. 124), das in vielen Filmen eine
Rolle spielt, und das **Trump Hotel** des
internationalen Magnaten Donald
Trump – bis nach **Bal Harbour**, den
exklusiven Vorort mit den **Bal Harbour Shops** (s. S. 26). Gegen eine
geringe Parkgebühr kann man in den
Atrium-Arkaden flanieren, schauen,
exklusiv shoppen und gediegen speisen. Alternativ kann man auch nur
die Nobelkarossen der wirklich Reichen bestaunen, denn hier geben
sich Ferrari, Lamborghini, Maybach,
Bentley, Rolls Royce und Maserati ein
Stelldichein.

Nach dem Besuch der Mall führt
die Tour entlang der Küstenlinie zurück bis zum **John F. Kennedy Causeway,** einer der zahlreichen Brücken
zum **Festland,** die allerdings (im Gegensatz zu anderen) kostenfrei ist.
Die US 1 führt dann bis hinunter nach
Key West㉒. Von ihr biegt man an
der NE 62nd Street nach Westen
und an der 12th Avenue dann wieder
nach Süden ab, um einen Eindruck

des Viertels, das heute als Little Haiti
bekannt ist, zu erhalten, das sich im
Westen bis zur I95 erstreckt und im
Norden von der NW 84th Street bzw.
im Süden von der NW 36th Street begrenzt wird. Hier wohnten ehemals af-
ro-amerikanische Einwanderer, bevor
sich zunehmend eine **haitianische
Gemeinschaft** etablierte. Sie wurde
hier sesshaft und belebt das Viertel
bis heute mit ihrer Kultur. Deutlich
sichtbar ist dies an den bunten Ma-
lereien an Hauswänden, dem Geruch
der kreolischen Küche und letztlich
an den Menschen, die sich deutlich
von anderen Ethnien unterscheiden.

Südlich der NW 36th Street beginnt schon der **Wynwood Art District**, in dem man sich häufiger die
Frage stellt: „Sind wir hier noch richtig?" Viele der Galerien und Kunst-
sammlungen befinden sich nämlich
abseits der belebten Viertel in eher
wenig vertrauenerweckend ausse-
henden Bereichen. Wenig weiter südlich erstreckt sich dann der **Historic
Overtown District** zu beiden Seiten
der I95. Hier siedelten sich vor allem Schwarze aus unterschiedlichen
Regionen der Erde an. Einwanderer
aus Afrika leben hier neben Nachfahren von Sklaven aus den Südstaaten und von den karibischen Inseln.
Dieser kulturelle Mix ist es, der das
Viertel heute zu einem eindrucksvollen Beispiel gelebter Geschichte werden lässt. Vieles davon kann man im
Ward Rooming House (249 NW 9th
St, Tel. 305–6362217) erfahren, in
dem sich ab 1925 reisende Schwarze trafen und wohnten, da sie nicht
in „normalen" Hotels übernachten
durften.

Heute ist hier ein Welcome Center untergebracht, denn im Gebäude, das als „Historic Landmark" ein-
gestuft ist, zeigen Bild- und Kunst-

Miami für Citybummler

ausstellungen Szenen der damaligen Zeit. Das Viertel wird im Süden von der US 41 begrenzt, auf deren südlicher Seite dann das Gebiet liegt, das vor allem von **kubanischen Einwanderern** geprägt ist. Hier sind sogar Straßen spanisch benannt und mit Schulenglisch kommt man allenfalls sporadisch zurecht. Zentrum des Viertels, das als **Little Havanna** bekannt ist, ist die **Calle Ocho** (SW 8th St). Im Straßenbild sind neben spanischen Beschriftungen, bunt bemalten Hauswänden und dem Wabern von Zigarrentabak vor allem die Menschen auffällig, die im Gegensatz zum durchgestylten Downtown-Businesslook oder dem hippen South-Beach-Strandlook eher karibisch leger bis elegant daherkommen. Da sieht man Panamahüte über dem locker über die Hose fallenden Guayabera (s. S. 31) ebenso wie bunte, längere Kleider. Besonders schön kann man das Lebensgefühl am Domino Park and Plaza (801 SW 15th Ave) erleben, einem Platz/Park, der Máximo Gómez gewidmet ist. Gómez war ein kubanischer General, der die Truppen der Befreiungsarmee in den siegreichen Kampf gegen die spanischen Besatzer führte.

Über die 8th Street erreicht man in östlicher Richtung die SW 1st Avenue, auf der man nach Süden (rechts abbiegen) bis zur SW 15th Road fährt. Auf diese Straße biegt man nach links ein (Osten) und erreicht so die Kreuzung mit der Brickell Avenue (US1), der man nach Norden folgt. Diese Straße führt mitten durch **Downtown** mit seinen glitzernden Büro-, Banken- und Hoteltürmen. Immer wieder einmal findet man aber auch in diesem Häusermeer grüne Oasen (wie z. B. den Brickell Park). An anderen Stellen kann man einen Blick auf das Meer erhaschen, sehr schön auf der Brickell Bridge, die den Miami River überquert.

Kurz danach heißt es rechts abbiegen, entweder auf der 4th oder der 3rd Street, die beide weiter zur Küste führen. Rechter Hand befindet sich der **Bayside Marketplace** (s. S. 26), das große, luftige Einkaufszentrum am Wasser, das auch reichlich Entertainment bietet. Wer sich nach dem kurzen Shoppingtrip noch einmal die Füße vertreten möchte, kann dies am Ende des Tages im **Bayfront Park** [C8]. Ist man stattdessen eher geneigt, den Tag auf dem Wasser ausklingen zu lassen, kauft man im Bayside Marketplace ein Ticket für eine Sightseeingtour rund um Miami (z. B. bei Island Queen Cruises, s. S. 119, Ticketverkauf direkt am Anleger). Der Hafen wird dabei ebenso angesteuert wie die Luxusinseln **Fisher Island** und **Star Island,** deren Villen am Wasser schon etwas Besonderes sind – zumindest aber deren Besitzer, so z. B. Gloria Estefan und Sylvester Stallone. Sieht man sie am Pool oder im Garten? Vielleicht, denn Amerika ist ja bekanntlich das Land der unbegrenzten Möglichkeiten. Die hat wohl auch der Besitzer eines 50-Millionen-Dol-

KLEINE PAUSE

Joghurt als Erfrischung

Bei Yogen Früz kann man Joghurt in gefrorener Form, also quasi als Eis bekommen. Das ist lecker und zudem gesünder als die Eisbecher. Frozen Yogurt gibt es in allerlei Geschmacksrichtungen, mit Früchten und natürlich Toppings.

○3 [C8] **Yogen Früz,** 100 S Biscayne Boulevard, Downtown, Tel. 305–3715117, www.yogenfruz.com

lar-Hauses auf Star Island, der sich im Garten ein riesiges privates Gewächshaus bauen ließ, denn schließlich sind er und seine Frau Pflanzenliebhaber. Dies erkennt man u. a. daran, dass sie für die Gestaltung ihres Gartens (oder besser Parks) nicht einfach heimische Palmen nutzten, sondern über 30 Exemplare einer speziellen südafrikanischen Art einfliegen ließen, zum Preis von 10.000 US$ pro Stück.

Nach diesem Abstecher kann man den Tag mit einem gemütlichen Dinner in einem der Restaurants der Mall ausklingen lassen oder man kehrt nach South Beach zurück. In dem Fall fährt man zunächst wieder auf der US1 vorbei an der American Airlines Arena (rechts) und dem Freedom Tower (links) nach Norden bis zur US395, die nach rechts in den MacArthur Causeway mündet, der nach South Beach führt.

Der **Freedom Tower** wurde 1925 am Biscayne Boulevard erbaut. Ursprünglich war das 78 Meter hohe Gebäude einmal das höchste Gebäude Miamis und Sitz der Tageszeitung Miami News. Später nutzte die Stadt das Gebäude als Auffanglager für geflüchtete Kubaner. 1997 erwarb die kubanische Gemeinschaft Miamis dann das Gebäude, restaurierte es und baute es zu einem Museum und einer Kunstgalerie aus. So gilt das Bauwerk heute als ein Wahrzeichen Miamis.

Den Stars ganz nahe – Star Island

Die halbprivate Insel **Star Island** [D7] erreicht man vom MacArthur Causeway aus, wenn man von South Beach nach Downtown fährt. An der ersten Abfahrt hinter der Ampel (wo man zur Fähre nach Fisher Island abbiegt) fährt man nach rechts und erreicht über die Zufahrtsbrücke schließlich das Wachhäuschen. An der Schranke sollte man freundlich mitteilen, dass man sich ein wenig umsehen möchte – und los geht es im Revier der Superreichen.

015mi Abb.: ho

Miami für Kauflustige

Schon der Begriff „Shopping" stammt aus dem Englischen und meint so viel mehr als das einfache „Einkaufen gehen". Es ist fast ein essenzieller Bestandteil des täglichen Lebens geworden und nicht, weil man ohne womöglich verhungern würde, sondern weil Shopping eben einen guten Teil des Lebens und des Lebensgefühls ausmacht. Beim Shopping trifft man Freunde und Bekannte und es findet soziales Leben statt, denn neben den Geschäften gehören auch und vor allem Coffeeshops und Food Courts zu jedem Einkaufszentrum, die in den USA Malls heißen.

Malls und Shoppingzonen

In der Mall findet man so ziemlich alles, was das Herz begehrt. Eine Ausnahme bilden oft nur Lebensmittel und Alkohol. Man bekommt Damen- und Herrenmode aller möglichen Designer und Labels, Schuhe, Schmuck, Kosmetik, Elektronik/Telekommunikationsgeräte, Nahrungsergänzungsmittel, Bücher, Zeitschriften und oft auch CDs sowie allerlei Schnickschnack.

🛍4 [gh] **Aventura Mall**, 19501 Biscayne Boulevard, Aventura, Tel. 305–9351110, www.aventuramall.com, geöffnet: Mo–Sa 10–21.30, So 12–20 Uhr. Über 300 Geschäfte befinden sich auf den verschiedenen Ebenen dieser riesigen Mall, in der man sich sogar leicht verlaufen kann. Vor allem luxuriöse

Shoppingareale
Die wichtigsten Shoppingbereiche der Stadt sind im Kartenmaterial mit einer rötlichen Fläche markiert.

Marken haben hier ihre Niederlassungen, d. h. vor allem junge Leute auf der Hollister-und Abercrombie-Welle werden hier fündig.

🛍5 [C7] **Bayside Marketplace**, 401 Biscayne Boulevard, Downtown, Tel. 305-5773344, www.baysidemarketplace.com, geöffnet: Mo–Do 10–22 Uhr, Fr, Sa 10–23 Uhr, So 11–21 Uhr. In dieser luftigen Mall direkt an der Biscayne-Bucht kann man sich wie in einem kleinen Dorf am Meer fühlen. Neben vielen Geschäften gibt es hier auch ein großes gastronomisches Angebot, zu dem beispielsweise das Hard Rock Cafe gehört. Auf einer Bühne am Wasser treten fast ganztägig Musiker und andere Künstler auf.

🛍6 [gj] **Bal Harbour Shops**, 9700 Collins Avenue, Bal Harbour, Tel. 305-8660311, www.balharbourshops.com, geöffnet: Mo–Sa 10–21 Uhr, So 12–18 Uhr. Luxus lautet das Zauberwort in dieser Mall. Hier haben die besten Marken auf zwei Etagen rund um einen mit Teichen (inklusive Koi-Karpfen) und vielen Pflanzen geschmückten Innenhof ihre Niederlassungen, hier findet man erlesene Gastronomie und auf dem Parkplatz ebenso erlesene Fahrzeuge. Wer italienische Luxuswagen mag, ist hier zum Schauen vor allem ab dem Nachmittag richtig.

🛍7 [fk] **Caribbean Marketplace**, 5925 NE 2nd Ave., Tel. 7952337. Dem Iron Market von Port-au-Prince (Haiti) baulich und farblich nachempfunden, möchte man man ein wenig karibisches Feeling verbreiten. Man findet hier Geschäfte mit Souvenirs, Gewürzen sowie Obst und Gemüse.

🛍8 [dn] **CocoWalk**, 3015 Grand Avenue, Coconut Grove, Tel. 305-4440777, www.cocowalk.net, geöffnet: So–Do 10–22 Uhr, Fr, Sa bis 23 Uhr, Bars bis 3 Uhr. Die Mall ist im Stil eines kleinen europäischen Dorfes geplant – oder was Amerikaner dafür halten – und besitzt

016mi Abb.: ho

neben den klassischen Modegeschäften (von GAP bis Victoria's Secret) auch ein reiches Angebot an Cafés, Bistros, Bars und Restaurants.

9 [co] **Dadeland Mall,** 7535 N. Kendall Drive, South Miami, Tel. 305–6656226, www.simon.com/mall/dadeland-mall, geöffnet: Mo–Sa 10–21.30 Uhr, So 12–19 Uhr. Über 180 Geschäfte von Abercrombie & Fitch über Lucky Brand Jeans bis Zara haben hier ihren Sitz. Floridas größter Macy's-Laden befindet sich ebenfalls unter diesem Dach. Dazu kommen zahlreiche Restaurants und Orte für diverse Events.

10 [bp] **The Falls Shopping Center,** 8888 SW 136 Street, Miami, Tel. 305–2554570, www.simon.com/mall/the-falls, geöffnet: tgl. 10–21 Uhr, So 12–19 Uhr. Die wohl schönste Mall Miamis. Hier ist nicht alles überdacht, sondern auf einem offenen Gelände gebaut. Wasserläufe und -kaskaden durchziehen das Gelände, über breite Gehwege und Brücken gelangt man zu den Geschäften. Auch hier gilt es, stets auf Angebote zu achten. Oft werden die auch im Internet schon im Voraus angekündigt.

11 [al] **Miami International,** 1455 NW 107th Avenue, Miami Doral, Tel. 305–5931775, www.simon.com/mall/miami-international-mall, geöffnet: Mo–Sa 10–21 Uhr, So 11–19 Uhr. Neben zahlreichen Einzelhandelsgeschäften gibt es hier die großen Kaufhäuser Macy's, Dillard's, J.C. Penney und Sears. Selbstverständlich haben auch die meisten gern von Europäern gekauften Labels hier ihre Niederlassung.

12 [E5] **Lincoln Road Pedestrian Mall (Shopping District),** Lincoln Road (zwischen Washington und Alton Road), South Beach, Tel. 786/2762763, http://miamibeach.miamiandbeaches.com/. Im gesamten Bereich ist eine Fußgängerzone eingerichtet worden, die zu einer riesigen Einkaufsmeile mit Geschäften, Restaurants und Bars wurde.

▷ In den Food Courts der Malls bekommt man eine schnelle Mahlzeit

Miami für Kauflustige

🔺**13** [dm] **Miracle Mile,** zwischen Douglas und LeJeune Road sowie Aragon und Andalusia Avenue, Coral Gables, Tel. 305-5690311, www.shopcoralgables.com, geöffnet: tgl. ab ca. 9.30–21 Uhr. Im Herzen von Coral Gables findet man im Bereich dieser Straßenzüge entlang der sogenannten „Wundermeile" luxuriöse Einzelhandelsgeschäfte.

Outlets (Malls)

Sie sind die ultimative Krönung des Events „Shopping", denn hier gibt es alles und dann auch noch günstiger. Überproduktionen, z. T. „zweite Wahl" oder direkt für das Outlet produzierte Ware – wer als internationale Modekette etwas auf sich hält, verkauft seine Waren hier. Zu den **Schnäppchenpreisen** gesellen sich **Rabattak-**

tionen (s. S. 31), sodass man als Tourist in einer solchen Mall schnell den ganzen Tag verbringt und sehr rasch das zollfreie Limit erreicht.

🔺**14** [al] **Dolphin Mall,** 11401 NW 12th Street, Miami Doral, Tel. 305-3657446, www.shopdolphinmall.com, geöffnet: Mo-Sa 10-21.30 Uhr, So 11-20 Uhr. Über 200 Geschäfte reihen sich in der Mall aneinander. Hier sind Touristen aus Europa eher selten zu sehen, dafür ist fast die gesamte Mall in lateinamerikanischer Hand. Wer mag, kann in verschiedenen Restaurants den Hunger oder den Durst nach stundenlangem Shopping stillen. Abends geht man in eines der Kinos in der ersten Etage.

🔺**15** **Sawgrass Mills Mall,** 12801 W Sunrise Boulevard, Fort Lauderdale, Tel. 954-8462300, www.simon.com/mall/sawgrass-mills, geöffnet: Mo-Sa 10-21.30 Uhr, So 11-20 Uhr. Diese Outlet Mall befindet sich zwar jenseits der Stadtgrenze Miamis in Fort Lauderdale, gilt aber neben den Disney Studios in Orlando als bestbekannte Attraktion Floridas. Somit muss man einfach mal hierher und dem hemmungslosen Kaufrausch frönen, aber bitte erst, nachdem man sich mit dem Coupon-Booklet (s. S. 31) ausgerüstet hat, das einem hilft, noch mehr zu sparen. Im Angebot sind nicht nur aus den USA bekannte Marken, sondern auch der luxuriöse Touch von Boss, Armani, Michael Kors, Prada, Salvatore Ferragamo, Valentino und Tag Heuer. Diese Luxuswaren bekommt man aber nicht in der Mall selbst, sondern im Außenbereich The Colonnade.

EXTRATIPP

Collins Avenue, South Beach

Wer auf den Besuch der großen Malls verzichten oder den Einkauf mit einem Besuch in **South Beach** verbinden möchte, kann nahezu alle bekannten Modelabels auch hier finden. Zwar ist das Shopping dann nicht überdacht möglich und zwischen den Geschäften muss man sich tatsächlich den Unbilden des Wetters aussetzen (ist also fast immer im Sonnenschein unterwegs), kann dafür aber auch ganz entspannt an den Schaufenstern der Läden an der **Collins Avenue** [F6–8] zwischen der 5th Street und der 15th Street entlangschlendern. Hier findet man GAP, Nike, Hilfiger und wie sie alle heißen und kann ebenso wie in den Malls auch zwischendurch einen Kaffee oder Softdrink genießen oder sich in einem der kleinen Fastfoodläden an der Straße stärken.

▷ *Süßigkeiten und Stofftiere: beim Shopping in Miami haben nicht nur Erwachsene Spaß*

Supermärkte, Marts

Sie sind meist riesig und bieten fast alles, was man aus Verbraucher-märkten kennt. So kann man hier neben Lebensmitteln auch Beklei-dung, Schuhe, Arbeitsbekleidung, technische und elektronische Gerä-te, Schreibwaren, Bücher, Zeitschrif-ten, CDs und DVDs bekommen. Bei fast allen größeren Märkten gibt es zudem einen **Apothekenbereich,** in dem freiverkäufliche Medikamente im Regal angeboten werden und zu-dem ein Apotheker für rezeptpflichti-ge Arzneimittel zur Verfügung steht. Achtung! Nicht alles, was zu Hause ohne Rezept zu bekommen ist, kann man hier ebenfalls so erhalten und umgekehrt.

Einige dieser Märkte haben zusätz-lich noch eine kleinere Ladenarkade angeschlossen, z. T. mit sogenannten *liquor stores,* in denen man alkoholi-sche Getränke kaufen kann (werden nur in undurchsichtigen Papiertüten verkauft).

16 [bl] **Walmart Supercenter,** 8651 NW 13th Terrace, Doral, Tel. 305–47045109, geöffnet: 24 Stunden, www.walmart.com. 19 weitere Filialen im Stadtgebiet.

17 [bq] **Publix Super Market,** 14601 S Dixie Highway, Pinecrest, Tel. 305–2558005, geöffnet: tgl. 7–23 Uhr, www.publix.com. Mehr als 30 Filialen

18 [fj] **K-Mart,** 10700 Biscayne Boule-vard, North Miami, Tel. 305–8933900, geöffnet: tgl. 8–22 Uhr, www.kmart.com. Insgesamt 10 Filialen

Ein deutlich eingeschränktes Angebot besitzen die Märkte der Kette Seven-Eleven, die über 80 Filialen in Miami unterhält.

19 [E8] **7-Eleven,** 1234 6th Street, South Beach, Tel. 305–5326125, geöff-net: 24 Stunden, www.7-eleven.com

017mi Abb.: ho

Drugstores

Drugstores sind vor allem auf **Arznei-mittel** und **Drogerieartikel** speziali-siert, führen aber auch verschiedene Lebensmittel, Kosmetik, Schreibwa-ren und manchmal sogar Kleidung. Als besonderes Schmankerl sind sie fast immer rund um die Uhr geöffnet und haben dann mindestens einen *drive-thru*. Bei anderen sind die Öff-nungszeiten in der Regel zwischen 7/8 bis 20/22 Uhr, wobei die eigent-liche **Apotheke** im Drugstore (oft im hinteren Bereich) meist eher schließt und auch an Sonntagen nicht immer geöffnet ist. Bei sehr dringendem Bedarf sollte man im Internet die nächstgelegene *pharmacy* und ihre Öffnungszeiten recherchieren (www.walgreens.com oder www.cvs.com).

Walgreens ist im Großraum Miami mit ca. 70 Filialen vertreten, von de-nen sich auch einige in Miami Beach befinden. Die Kette **CVS Pharmacy** hat im Großraum Miami 25 Filialen.

➊**20** [E5] **Walgreens**, 1845 Alton Road, Miami Beach, Tel. 305–5318868, geöffnet: 24 Stunden

➊**21** [gj] **CVS**, 7400 Collins Avenue, Miami Beach, Tel. 305–8658690, geöffnet: 24 Stunden

EXTRATIPP

Sonnenöl und Co.

Im Sunshine State scheint – nomen est omen – häufig die Sonne. Das lie-ben die Menschen, gerade deshalb kommen sie hierher und dann gibt es schon in den ersten Tagen manch-mal bösen **Sonnenbrand,** weil man nicht aufgepasst hat oder der **Son-nenschutz** zu gering war. Sonnenöl kann man in Florida gut und günstig kaufen. Statt die oft teuren Produkte mühsam im Koffer zu schleppen, kann man auf die vielen guten und günstigen Produkte in den Super-märkten und Drugstores zurückgrei-fen. Da gibt es Marken wie Banana Boat, Hawaiian Tropic oder Panama Jack, die gut riechen, sich leicht verreiben lassen (auch bei hohem Schutzfaktor) oder die man sogar auf-sprühen kann. Und sollte dann alles versagt haben, kann man zu den grünen oder blauen *(soothing)* **Aloe-Vera-Gelen** greifen, die den Sonnen-brand mit Menthol kühlen, mit dem zugesetzten Lidocain schmerzlin-dernd wirken und die Haut mit Feuchtigkeit versorgen.

Department Stores

Kaufhäuser findet man **fast in jeder Mall**, in der Regel strategisch an den jeweiligen Endpunkten der Gebäude gelegen. Sie bieten ein breites An-gebot verschiedenster Marken aus dem Bereich Herren- und Damen-konfektion, Parfümerie, Schuhe, Ta-schen und Accessoires. Gelegentlich sind sie aber auch als Einzelgeschäft anzutreffen.

❯ **Sears,** Aventura Mall (s. S. 26), www.sears.com

❯ **J.C. Penney,** Aventura Mall (s. S. 26), Dadeland Mall (s. S. 27), www.jcpenney.com

❯ **Bloomingdale's,** Aventura Mall (s. S. 26), The Falls (s. S. 27), www.bloomingdales.com

❯ **Saks Fifth Avenue,** Bal Harbour Shops (s. S. 26), www.saksfithavenue.com

❯ **Saks Fith Avenue Off 5th,** Dolphin Mall (s. S. 28). Die Outlet-Variante des luxuriösen Kaufhauses. Genau der rich-tige Tipp für denjenigen, dem die Nieder-lassung in Bal Harbour zu teuer ist.

❯ **Macy's,** Aventura Mall (s. S. 26), Dadeland Mall (s. S. 27) und The Falls (s. S. 27), www.macys.com

Bücher

🔴 **22** [E5] **Books & Books,** 927 Lincoln Road, South Beach, Tel. 305–5323222, www.booksandbooks.com, geöffnet: So–Do 10–23 Uhr, Fr, Sa bis 24 Uhr. Große Auswahl an englischsprachiger Literatur.

🔴 **23** [gh] **Barnes & Noble,** 18711 NE Biscayne Boulevard, Loehmann's Fashion Island, Aventura, Tel. 305–9359770, www.barnesandnoble.com, geöffnet: tgl. 9–23 Uhr. Großer Medienkonzern, der eine breite Palette an Literatur anbietet, darunter auch viele Reisebücher.

Mode

› **Hot Topic,** The Falls Shopping Center (s. S. 27), Tel. 305–2563840, www.hottopic.com, geöffnet: tgl. 10–21 Uhr. Hier bekommt vor allem die jugendliche Kundschaft Jeans, T-Shirts und andere Outfits sowie Accessoires, besonders aus dem Bereich der Pop-, Rock- und Gothic-Kultur. Am Ende des Sommers findet man hier auch vieles für das Halloween-Outfit und skurrile Überraschungen.

🔴 **24** [B8] **Ramon Puig Guayaberas,** 24 W Flagler Street, Tel. 305–3744730, www.ramonpuig.com, geöffnet: Mo–Sa 10–19 Uhr. Abgeblich soll es im 18. Jahrhundert auf einer kleinen Farm auf Kuba gewesen sein, dass ein Guave-Farmer seine Frau bat, ihm ein weißes Leinenhemd mit langen Ärmeln und vier aufgesetzten Taschen zu nähen, in denen er seine Zigarren, Taschentücher und andere Kleinigkeiten unterbringen wollte. Das Hemd erwies sich als sehr praktisch, wurde kopiert und die Farmer nutzten es sogar, um Guave-Früchte *(guayabas)* in den unteren Taschen zu transportieren, sodass es schnell zu dem Arbeitshemd der Guave-Farmer *(guayaberos)* wurde

Schnäppchenpreise

Amerika ist für seine gigantischen Möglichkeiten bezüglich des Einkaufens hinlänglich bekannt. Doch wer ein wenig achtgibt, kann bei den ohnehin schon günstigen Preisen fast immer **nochmals sparen.** In den Hotels/Motels und vielen Restaurants findet man Displays mit Broschüren, Katalogen und Werbeflyern. Greifen Sie ruhig zu, denn fast immer sind auch **Rabattaktionen** dabei. Ob es nun nur eine Vergünstigung auf einen Eintrittspreis, ein Menü oder ein Extradrink ist, man wird fündig. Besonders lohnend sind die Coupons oder Flyer, mit denen man dann **Coupon Booklets** in den Malls bekommt. Darin sind Rabattcoupons enthalten, die z. B. den gesamten Einkauf um 10 bis 50 % vergünstigen oder ab einem bestimmten Warenwert Rabatte einräumen.

018mi Abb.: ho

und so letztlich seinen Namen bekam. Mittlerweile gibt es diverse Nachahmer, denn das Hemd hat sich für nahezu alle Gelegenheiten vom Business-Meeting bis zur Freizeit als praktisch erwiesen und erreichte durch prominente Träger wie beispielsweise Sylvester Stallone, Ronald Reagan und Bill Clinton schnell große Bekanntheit.

Elektronik

🔖 **25** [E5] **Apple Store,** 738 Lincoln Road, South Beach, Tel. 305–42104000, www.apple.com, geöffnet: tgl. 10–23 Uhr. Alle neuen Geräte sowie das ganze übrige Sortiment. Aber Achtung! Der Zoll kennt die Preise.

EXTRATIPP

Shop 'n' Stop
In allen Malls gibt es mindestens einen sogenannten **Food Court,** in dem man aus einem reichhaltigen Angebot von Fastfoodläden auswählen kann. Zudem sind die einschlägigen Kaffeehausketten wie **Starbucks** ebenfalls in jeder Mall vertreten. Der Nachteil dabei ist aber, dass es in den Food Courts meist recht laut und es bei Starbucks überall gleich ist. Will man den Shoppingtrip etwas individueller unterbrechen, kann man z. B. in den Bal Harbour Shops das **Segafredo Bal Harbour** ansteuern. Wer Bücher liebt, kann bei **Books & Books** (s. S. 31) stöbern und dabei im Café (s. S. 43) etwas essen oder trinken.
› **Segafredo Bal Harbour,** Bal Harbour Shops (s. S. 26), Tel. 305–8640595, geöffnet: So–Do 11–20 Uhr, Fr, Sa bis 21 Uhr. Neben Kaffee und Longdrinks gibt es auch leckere Kleinigkeiten aus der italienischen Küche.

Miami für Genießer

Essen und Trinken wird in den USA und besonders in Florida großgeschrieben – so groß, dass es vor einigen Jahren in einem internationalen Magazin eine Glosse darüber gab, wie wohlbeleibt besonders viele Menschen im Sunshine State sind. In den letzten Jahren hat das Gesundheitsbewusstsein der Amerikaner zwar deutlich zugenommen, doch es gibt in den meisten Restaurants immer noch Portionen, von denen durchaus zwei Personen satt werden können.

Etwas über das Essen allgemein in Miami sagen zu wollen, ist schon fast vermessen, denn die bekannteste Stadt des Sunshine State wird von einer schier unglaublichen **gastronomischen Vielfalt** geprägt. Die große kulturelle Diversität, die sich auf recht engem Raum ballt, tritt natürlich auch in kulinarischer Hinsicht offen zutage. Vom einfachen Hotdog auf die Hand über Sandwiches „to go", Fastfoodrestaurants und American Diner bis hin zu Sternerestaurants mit Köchen der Spitzenklasse ist alles vertreten. Immer mal wieder eröffnen hier neue Ketten ihre Restaurants, gerne auch mit besonderen Themen, denn schließlich kann man im Urlaubsambiente Miamis, wo der Dollar oft locker sitzt, auch schon mal gut etwas am Markt testen. Dies bezieht sich in den letzten Jahren vor allem auf Lokale von der **gehobenen bis zur Luxusgastronomie**, während Fastfoodketten eher wenig präsent sind. Auch in diesem Bereich findet ein **Umdenken** von Masse zu Klasse statt.

▷ *Das Essen in Miami ist deftig, lecker und kommt in großen Portionen*

Kulinarischer Tagesablauf

Frühstück

Während man in Hotels/Motels meist zwischen 6 und 10 oder 11 Uhr frühstücken kann, ist dies in den Diners und Fastfoodketten fast zu jeder Zeit möglich. Es gilt, zwischen einem Continental Breakfast und einem American Breakfast zu unterscheiden. Man bekommt auf Speisekarten oft beides angeboten, in verschiedenen Hotels/Motels ist auch das eine oder andere im Zimmerpreis enthalten. Beim **Continental Breakfast** bekommt man Kaffee, Tee, Toast und Marmelade, manchmal auch sogenannte *Danish,* also süße Gebäckteilchen. Häufig gehören auch *cereals,* also Cornflakes, und/oder Joghurt dazu. Fruchtsäfte müssen in der Regel zusätzlich geordert werden.

Ganz anders ist das beim teureren **American Breakfast**, das zusätzlich auch warme Speisen beinhaltet. Eier (zwei sind normal, vier aber auch keine Ausnahme) in verschiedenen Formen – *scrambled egg* (Rühr-ei), *fried egg sunny side up* (Spiegel-ei einseitig gebraten), *fried egg over-easy* (beidseitig gebraten), *boiled egg* (gekocht) oder als Omelett –, Schinkenspeck *(bacon)* oder Kochschinken *(ham)* sowie Kartoffeln (gerne *hash browns)* sind ein Muss. Manchmal gibt es *baked beans* (dicke Bohnen in Tomatensauce), Würstchen *(sausages), hamburger* (flache Frikadellen) oder gebackene Tomaten. Wer süße Speisen mag, kann zudem noch Pfannkuchen mit Ahornsirup bekommen, Früchte essen und Joghurt verspeisen.

Da diese Mahlzeit sehr reichhaltig ausfällt, kann man getrost auf das Mittagessen *(lunch)* verzichten.

Mittagessen

Mittagessen gibt es in der Regel zwischen 11.30 und 16 Uhr, die Restaurants haben aber ganztägig geöffnet, sodass man zu jeder Zeit etwas zu essen bekommen kann. Der **Lunch** läuft aber in der Regel „nebenher“, sodass man mittags gern auf ein schnelles Sandwich, einen Burger, ei-

019mi Abb.: ho

nen Tortillawrap, eine Pizza, Nachos, einen Salat oder Ähnliches zurückgreift. Wer mag, kann aber auch problemlos zum Lunch alles aus dem Frühstücksbereich der Karte oder schon von der Abendkarte bestellen.

Abendessen

Abendessenszeit (**dinner**) ist ab etwa 19 Uhr, wobei Restaurants vielfach schon ab 17 oder 18 Uhr mit „**early bird**"-Angeboten locken, d. h. man bekommt 30 bis 50 % Rabatt auf die Speisen. Sollten die dann auch kleiner ausfallen, wäre dies ein zusätzlicher Gewinn (s. S. 36). Zumindest gibt es aber gegen 17 Uhr die sogenannten **Happy Hour,** zu der man Drinks meist zum halben Preis oder anderweitig ermäßigt bekommt.

Je nach Restaurant gibt es zum *dinner* Fleisch- oder Fischgerichte, Pizza, Pasta, Tex-Mex-Gerichte und alles andere, was man sich als Gast sonst wünschen mag. Dazu gibt es **Salate,** entweder nur als Beilage oder sogar als Hauptgericht, gern mit Steak oder Hühnchenfleisch, Suppen, Kartoffeln in allen Variationen (Pommes, Ofenkartoffel, *hash browns* oder *mashed potatoe*s – Kartoffelbrei) und Gemüse (häufig Mais oder Karotten). **Steaks** isst man blutig *(rare),* halb durchgebraten *(medium)* oder gut durch *(well done).* Bei **Fischgerichten** kommen meist Snapper oder Grouper auf den Tisch. Langusten aus der Region sind *spiny lobster,* während *lobster* die Hummer aus dem Norden sind. *Shrimps* (Garnelen) und *crabs* (Krabben) sind so beliebt wie *clams* oder *mussels* (Muscheln). Alle Gerichte kann man *grilled* (gegrillt), *baked* (gebacken), *boiled* (gekocht) oder *sautéed* (kurzgebraten) bekommen.

Pizza und **Pasta** unterscheiden sich vom Prinzip her nicht von den europäischen Varianten und auch **Tex-Mex-Gerichte** sind natürlich zu haben. Da gibt es Maischips (Nachos) als Vorspeise mit Salsa (zum Dippen). Als Hauptgerichte gibt es meist Tortillas (Maisfladen), z. B. als Enchilladas (Tortilla, gefüllt mit Bohnen und Fleisch) oder Quesadillas (wie oben, mit Käse überbacken), Fajitas (Fleischstreifen auf heißer Platte mit Gemüse gegrillt, dazu Tortillas). Stets gehören rote Bohnen, Salsa, Sour Cream, oft auch Reis und Guacamole (Avocadocreme) dazu.

Und zwischendurch

Zunächst einmal kann man alles essen, was einem so in den Sinn kommt, am einfachsten sind aber sicher die zahlreichen **Fastfoodoptionen** aus Burger, Sandwich und Co. Probieren sollte man z. B. mal ein Cuban Sandwich (mit warmem Schweinefleisch, Schinken, Käse und Mixed Pickles).

Wer eher für **Süßes** ist, der findet bestimmt am Nachmittag ein (Vanille-)Eis mit *hot fudge* (dickflüssige Schokoladensoße) lecker oder ein Stück Key Lime Pie, ein Käse-Quark-Kuchen, der durch saftig-süße Limonen, die nur auf den Florida Keys wachsen, seine feine Säure erhält.

Getränke

Kaffee und **Tee** gibt es den ganzen Tag lang und im Diner auch besonders günstig, denn nur die erste Tasse muss bezahlt werden. Alle Arten von **Softdrinks** kann man ebenfalls sehr günstig und vor allem in großen Mengen bekommen. **Bier, Wein** und **Spirituosen** sind hingegen nicht überall erhältlich, sodass man auch bei manchem Restaurantbesuch darauf verzichten muss.

Amerikaner sind von Mixgetränken fasziniert, sodass nahezu jede Bar in South Beach auch diverse **Cocktails** und **Longdrinks** anbietet. Neben Pina Coladas trinkt man vor allem Margaritas, entweder *frozen* (also fast zähflüssig in zerkleinertem Eis) oder auf Eis. Meist wird der Drink mit einem Salzrand am Glas und einer Limonenscheibe serviert.

© 2omi Abb.: ho

Alkohol

Aus Geschichten und Filmen kennt man die Gangstergrößen der USA wie z. B. Al Capone, die nur groß wurden, weil sie anfänglich illegal mit Alkohol handelten. Dies hatte seinen Grund in der sogenannten **Prohibition**, einem Begriff für das Verbot des Handels und Genusses von Alkohol aus den 1920er-Jahren. Was damals zu großer Kriminalität führte, ist bis heute noch immer nicht ganz beseitigt. So gibt es nach wie vor sogenannte **dry counties**, d. h. Bezirke, in denen man legal keinen Alkohol erwerben kann. Sie sind allerdings nicht mehr sehr häufig. Es ist aber normal, in Supermärkten entweder gar keinen Alkohol zu finden, oder wenn, dann nur leichte Weine oder Bier. Will man eine größere Auswahl oder Hochprozentiges, muss man einen **liquor store** aufsuchen. Oft gehören sie zu den Ladenarkaden von Supermärkten, häufig findet man sie auch an großen Highways. Hier erhält man dann alles (manchmal sogar rund um die Uhr), was das Herz oder besser der Gaumen begehrt. Spätabends und nachts bekommt man alles am *drive thru*, d. h. man meldet seine Wünsche an einem Autoschalter an, ohne das Geschäft selbst betreten zu können. Zum Erwerb und Konsum von Alkohol muss man **mindestens 21 Jahre alt** sein und dies notfalls auch mithil-

fe amtlicher Dokumente belegen können. Trinkt man *underaged* (also unterhalb dieser Altersgrenze), erwarten einen empfindliche Strafen.

Nur in wenigen Restaurants gibt es Hochprozentiges, denn solche Lokale benötigen eine spezielle **Schanklizenz** *(licensed restaurant),* sonst gibt es manchmal Bier und/oder Wein, alternativ gilt manchmal **BYOB**, also „bring your own bottle", d. h. man darf sich seinen Schnaps mitbringen, der Wirt erhebt dann ein sogenanntes Korkgeld.

Alkohol darf auch nicht einfach so auf der Straße konsumiert werden, deshalb bekommt man Flaschen auch nur in **braunen Papiertüten**, aus denen man dann auch trinken kann, solange die darin befindliche Flasche nicht erkennbar ist. Alle öffentlichen Strände, alle (State) Parks und natürlich das Auto sind **alkoholfreie Zonen.** Alkoholhaltige Getränke dürfen sich auch nie im Innenraum eines Autos befinden!

⌂ *Nicht nur in South Beach locken Cocktailbars Gäste an*

Essen gehen

„Please, wait to be seated", ist ein klassischer Satz, den man als Restaurantbesucher in den USA kennen sollte. Fast immer steht er schon am Eingang, damit niemand auf die Idee kommt, sich selbst einen Tisch auszusuchen. Man wartet, bis man zum Tisch geleitet wird, oder man bekommt die Information „Sit wherever you want". Wird man zum Tisch geleitet, heißt das aber nicht, dass automatisch nur dieser zu bekommen ist. Man darf auch ruhig nach einem anderen Platz fragen.

Ist kein Tisch frei, kann es sein, dass man zur Überbrückung an der Bar (sofern vorhanden) platziert wird. Manchmal bekommt man auch einen elektronischen Empfänger, der durch Vibration und Leuchten auf sich aufmerksam macht, sobald ein Tisch frei wird. Zum Gerät gibt es stets auch eine ungefähre Zeitangabe, die in der Regel zwischen 15 und 45 Minuten liegt. Möchte man solche Verzögerungen vermeiden, sollte man frühzeitig zum Abendessen gehen, denn das ist die Hauptmahlzeit. Zwischen 18.30 und 19.30 Uhr bekommt man zudem oft vergünstigte **Early Bird Dinners**. Bei einem solchen frühen Dinner oder auch zur normalen Abendessenzeit wird vom Gast erwartet, nach dem Essen den Tisch zügig zu räumen (schließlich warten andere Gäste). Möchte man nur noch gemütlich sitzen und plaudern, eventu-

ell dazu etwas trinken, gehen Amerikaner an die Bar oder in die Lobby und erwarten dies auch von ausländischen Gästen. Eine Ausnahme gibt es beim sogenannten second seating, dem Essen nach 20.30/21 Uhr, denn meist werden dann keine weiteren Gäste mehr erwartet und man kann sich ruhig Zeit lassen.

Je jünger die Bewohner einer Stadt, desto wichtiger wird auch der Aspekt **Fitness**. Verjüngt hat sich Miami massiv und gilt deshalb auch als besonders sexy – oder ist es umgekehrt? In jedem Fall trägt man der Tatsache Rechnung und so gibt es auch **leichte Gerichte** auf den Speisekarten, wenngleich trotzdem fast alles in **Mengen** aufgetischt wird, von denen zwei Personen satt werden können. Man sollte daher vor der Bestellung einen Blick auf den Nebentisch werfen, um die Größe der Portionen abschätzen zu können, bevor man der Versuchung erliegt und Vorspeise, Hauptgang und vielleicht sogar noch ein Dessert bestellt. Vielesser finden im Miami zwar ihr Dorado, Normalesser kommen aber schnell an ihre Grenzen.

Selbst **Salate** werden in riesigen Mengen aufgetischt und sind meist mit Fleisch, Schinken, Käse, Eiern und ordentlich Dressing angemacht. So werden sie schnell zur Kalorienbombe. Besser ist dann ein sogenannter side salat (Salatbeilage), der häufig als komplette Mahlzeit durchgehen kann. Dazu kommen dann bei einem Tellergericht noch **Kartoffeln**, z. B. in Form von fries (Pommes frites), hash browns (einer Art sehr fein geraspelter Bratkartoffeln) oder als baked potato (Folienkartoffel) mit einer großen Menge sour cream. Alternativ gibt es **Pasta** in ebenso großen Mengen als Beilage.

Gastro- und Nightlife-Areale
Bläulich hervorgehobene Bereiche in den Karten kennzeichnen Gebiete mit einem dichten Angebot an Restaurants, Bars, Klubs, Discos etc.

Wen wundert es nun noch, dass das **Hauptgericht** nicht minder mächtig ist. Fisch oder andere Leckereien sind in Miami Grundnahrungsmittel, ganz besonders aber Fleisch, gerne als Steak. Und mal Hand aufs Herz, wer (abgesehen von Vegetariern) möchte bei einem Besuch in den USA nicht auch einmal ein saftiges Stück Fleisch genießen? Das kann man fast in jedem Restaurant, am authentischsten jedoch in einem sogenannten Steakhouse.

Isst man Vorspeise und Dessert, so wundert sich niemand, wenn man ein kleines **Steak** bestellt. Allerdings sind die kleinsten Mengen dann auch schon etwa 170 Gramm (6 oz) schwer. „Normal" sind eher 280 Gramm (10 oz) oder 336 Gramm (12 oz) Fleisch, dazu werden Kartoffeln, Salat und vorab Brot serviert. Etliche Restaurants bieten aber auch durchaus noch größere Steaks, sodass man auch 560 Gramm (20 oz) oder 672 Gramm (24 oz) große Fleischstücke bekommt. Wem das dann immer noch nicht groß genug ist, der mag sich am 48 oz großen Fleischstück versuchen (also etwa 1344 Gramm) und kommt nach dem Verzehr dann vielleicht sogar auf eine Messingplatte und ergänzt den „48oz Club" um ein neues Mitglied (wie z. B. bei Shula's America's Steak House, s. S. 40).

Wer vorher aufgibt, kann ebenso wie jeder andere Kunde jedes Restaurants natürlich die Reste zurückgehen lassen oder bittet den Kellner darum, sie zu verpacken. Ein solches **doggy bag** – also eine Tüte für den Haushund (oder den nächtlichen Heißhunger) – ist allseits akzeptiert, obwohl fast jeder weiß, das kaum ein Hund das Essen jemals zu Gesicht bekommt.

Dazu gibt es dann **Getränke**, die mindestens 0,4 Liter Inhalt haben und im Fall des **free refill** auch „eimerweise" getrunken werden können. Wasser, oft Eiswasser, wird gratis eingeschenkt oder in einem Gefäß auf den Tisch gestellt. Wer dann am Ende noch ein Dessert wünscht, sollte jede Diät vergessen, aber für zwei Personen dennoch nur ein Stück Kuchen oder ein Eis bestellen. Ist das dann doch wider Erwarten zu klein, kann man immer noch nachbestellen.

Free refill

„Free refills" sind auf den ersten Blick eine tolle Sache. Man bezahlt ein Getränk und bekommt dann **so oft man möchte nachgeschenkt** *bzw. kann sich selbst am Automaten bedienen. Dies gilt fast immer für Kaffee im klassischen* **Diner,** *aber auch meist für Softdrinks. Ähnlich ist es bei großen* **Fastfoodketten,** *wobei Filialen in großen Shopping und Outlet Malls meist Ausnahmen sind.*

Pfiffige Menschen kommen natürlich auf die Idee, zu zweit oder zu dritt nur ein Getränk zu kaufen und dann nachzufüllen, um so echtes Geld zu sparen. So weit, so gut, aber es gibt auch ein Problem, denn wer so günstig trinkt, muss beachten, **was er da zu sich nimmt.** *Refills bei einem großen Softdrink („large" - etwa 800 ml Inhalt -, „extra large", „super large" oder „supersize") bedeutet problemlos, dass man bei der tropischen Wärme schnell mal 1,5 oder gar 3 Liter gezuckertes Wasser zu sich nimmt. Da kann man sich dann jede Diät schenken, von einer gesunden Ernährung einmal abgesehen.*

Essen kann man in Restaurants nahezu rund um die Uhr. Wem es also am Morgen zum **Frühstück** nach einem blutigen Steak mit Pommes gelüstet: Kein Problem, es wird dann aber zusätzlich mit Toast (nach Wahl: weiß, Roggen, Weizen, Vollkorn etc.), Butter und Marmelade serviert.

Irgendwann ist es soweit, man möchte gehen. Je nach Restaurant bringt der Kellner die **Rechnung** schon mit den Gerichten an den Tisch und ändert/ergänzt sie nur noch, wenn weitere Gerichte oder Getränke bestellt werden. Ist dies nicht der Fall, bittet man um die Rechnung („The check, please."). Nur selten wird am Tisch kassiert, normal ist der sogenannte **cashier**, ein zentraler Kassierer, der nahe dem Ausgang

seine Kasse hat. Hier zahlt man nach Vorlage der Rechnung vom Tisch entweder mit Karte oder bar. Das **Trinkgeld** *(tipp, gratuity)* kann man bei Kartenzahlung addieren (entsprechende Spalten sind vorgesehen) oder man lässt Bargeld am Tisch zurück. Ca. 15 % bis 18 % des Rechnungsbetrags sind üblich und sollten nur dann nicht gegeben werden, wenn man wirklich unzufrieden war. Möchte man den *tipp* nicht zur Summe addieren, empfiehlt sich ein Streichen der Spalte und ein handschriftliches Eintragen der Endsumme in der entsprechenden Zeile. Dieser *tipp* geht dann nicht nur an den Kellner, sondern dieser gibt einen gewissen Teil an den **bus boy** ab, der für das Abräumen des Tisches, das Säubern des Fußbodens, das Eindecken des Tisches und manchmal das Servieren von Eiswasser oder kleinen Aufmerksamkeiten aus der Küche, also z. B. Brot, Nachos und Salsa, zuständig ist.

Steaks

*In Deutschland kennt man vor allem Filet- und Rumpsteaks, aber auf amerikanischen Speisekarten ist man mit dieser Kenntnis im Abseits, denn hier heißen die Steaks anders. Übrigens isst man sie **blutig** („rare"), **halb durchgebraten** („medium") oder **gut durchgebraten** („well done").*

> **T-Bone:** *Roastbeef mit Knochen und wenig Filetfleisch*
> **Ribeye:** *rundes Roastbeef aus der Hochrippe*
> **Sirloin:** *Lende bzw. Rumpsteak*
> **Tenderloin:** *Filet bzw. Lendenstück*
> **Porterhouse:** *Roastbeef mit Knochen und viel Filetfleisch*
> **New York Strip:** *gut marmoriertes Roastbeef*
> **Prime Rib:** *Fleisch vom mageren Hochrippenstück*

Hervorhebenswerte Lokale

Die **Restaurantszene Miamis** annähernd vollständig beschreiben zu wollen, wäre im Rahmen dieses Buches vermessen, denn es gibt einfach zu viele Lokale. Ein großer Teil der gastronomischen Betriebe gehört zu national oder auch international arbeitenden Ketten (z. B. die Diner oder Family Restaurants). Viele andere sind den Hotels in Miami und South Beach angeschlossen.

Amerikanisch

🚉26 [F7] **The Clevelander** $$, 1020 Ocean Drive, Miami South Beach, Tel. 305–5324006, www.clevelander.com, geöffnet: tgl. 9–24 Uhr. Mitten im bunten Treiben am stets bevölkerten Ocean Drive kann man hier typische amerikanische Burger, riesige Salate oder Pizza genießen. Je nach Geschmack sucht man sich einen Platz auf dem *sidewalk* (also einem Teil des Gehweges) und hat dann das Geschehen gut im Blick, nutzt die erhöhte Veranda für den perfekten Überblick oder den Poolbereich mit der trendigen Bar. Gehört man zu den *early birds*, kann man richtig Geld sparen, denn ab etwa 17.30 Uhr gibt es eine Happy Hour, bei der viele Gerichte der Speisekarte zu deutlich günstigeren Preisen angeboten werden.

①27 [gh] **Cheesecake Factory** $$, 19501 Biscayne Boulevard (Aventura Mall), Aventura, Tel. 305–7929696, www.thecheesecakefactory.com, geöffnet: Mo–Do 11.30–23.30 Uhr, Fr/Sa bis 0.30 Uhr, So 10–23 Uhr (es gibt insgesamt vier Filialen im Stadtgebiet). Hier kann man mal wieder eine Episode des amerikanischen Traums erleben, denn Evelyn Overton besaß in den 1940er-Jahren nur eine kleine Bäckerei (Spezialität: Käsekuchen) in Detroit. Mit der Geburt ihrer Kinder gab sie ihre Bäckerei auf, backte aber immer noch im Keller weiter Kuchen, die sie an gute Restaurants in der Stadt lieferte. 1972 zog sie nach Los Angeles und eröffnete hier mit ihren gesamten Ersparnissen ein Restaurant, das sie „Cheesecake Factory" nannte. Nach drei Jahren mochte man ihren Kuchen nun im Westen der USA genauso gerne wie in Detroit. 1978

Preiskategorien

Die Preiskategorien beziehen sich auf eine Mahlzeit ohne Getränke.

$	bis 12 $
$$	12–18 $
$$$	18–25 $
$$$$	über 25 $

South Beach Restaurants

South Beach ist schon seit Langem der **In-District** in Miami. Hier will man hin, hier möchte man dem Sehen und Gesehenwerden frönen – am besten, während man in einer der Bars oder einem der Restaurants am **Ocean Drive** Platz nimmt und isst oder trinkt. Zugegeben, es ist ein wirklich tolles Ambiente. Nahezu alle Restaurants/Bars sehen schick, hell und modern aus. Schon das Schlendern über den Gehweg wird zu einem Erlebnis, denn erstens muss man Bedienungen ausweichen, wenn sie an den Tischen (auf dem Gehweg) servieren oder Bestellungen aufnehmen und zweitens bemühen sie sich stetig, neue Gäste zu bekommen. Überall gibt es Einladungen für „2for1"-Drinks oder 50 % auf alle Gerichte. Die Location ist toll, das Publikum durchaus sehenswert, aber die **Preise** sind hoch. Leider kommt es immer wieder vor, dass sich Gäste dann über die Rechnung beschweren, den Service beklagen, Gerichte schlecht zubereitet finden oder die „günstigen" Drinks dann eher als Zuckerwasser denn als Cocktail beurteilen. Aber mal ehrlich! Ist das nicht überall auf der Welt an solchen Orten gleich? Hier zahlt man eben für den Platz gleich mal mit. Wenn man das möchte, ist es okay, wenn nicht, dann geht man eben weiter.

Nur bei der **Rechnung** muss man dann wirklich aufpassen, denn die „freundlichen" Kellner genehmigen sich hier am Ocean Drive fast überall automatisch ein **Trinkgeld** von 18 % bis 21 %. Das bekommt man leider oft erst erlassen, wenn man mit dem Geschäftsführer spricht (besser die Rechnungssumme abzüglich der *gratuity* genau passend zahlen).

übernahm Sohn David die Geschicke der Firma, ließ komplette Menüs servieren, bei denen aber nie Cheesecake als Dessert fehlte und hatte den riesigen Erfolg, den man auch heute noch sehen kann. Auf der Karte stehen neben den namensgebenden Desserts viele leckere Salate, Burger, Sandwiches, Steaks und andere amerikanische Gerichte.

🛈**28** [dn] Chili's $^{\$\$}$, 3015 Grand Avenue, Coconut Grove, Tel. 305–4434442, www.chilis.com, geöffnet: Mo–Mi, So 11–22 Uhr, Do bis 23 Uhr, Fr, Sa bis 24 Uhr (er gibt im Stadtgebiet verschiedene Filialen). Vorwiegend Tex-Mex-Gerichte kommen im Restaurant mit dem freundlichen roten Chili als Logo auf den Teller, sodass man die Qual der Wahl zwischen auf heißer Platte brutzelndem Fajita-Fleisch, Enchilladas, Steaks, Burgern oder Salaten und Sandwiches hat. WLAN.

🛈**29** [bl] Hooters $^{\$}$, 8695 NW 13th Terrace, Doral, Tel. 305–5935088, www.hooters. com, geöffnet: tgl. 12–15 und 18–23 Uhr. „Sex sells!", der alte Slogan gilt hier besonders, wenn Chicken Wings, Burger und alles, was man als amerikanische Küche bezeichnen kann, von leicht bekleideten Serviererinnen an den Tisch gebracht werden. Doch keine Angst, es handelt sich um ein ganz normales Restaurant, in dem auch Kinder gern gesehen sind.

🛈**30** [gh] Outback Steakhouse $^{\$\$}$, 3161 NE 163rd Street, Miami Beach, Sunny Isles, Tel. 305–9444329, www.outback. com, geöffnet: Mo–Do 16–22 Uhr, Fr 16–23.30 Uhr, Sa 11–23.30 Uhr, So 11–22 Uhr (mehrere weitere Filialen). Das äußere Erscheinungsbild ist australisch geprägt, das beginnt mit Bumerangs an den Wänden und endet mit den Namen der Gerichte, aber mit den Steaks trifft man voll den amerikanischen Geschmack. Zu jeder Bestellung gibt es jeweils ein Laib Brot mit Butter und dann zum Hauptgang einen Salat und Beilagen (sehr lecker sind die gebackenen Riesenkartoffeln). Fleischliebhaber wählen das superzarte Victorias Filet oder – wer größeren Hunger hat – das Outback Special, das bis zu 12 ounces wiegt. Lecker! WLAN.

🛈**31** [C2] Denny's $^{\$\$}$, 3600 Biscayne Boulevard, Miami, Tel. 305–5738901, www. dennys.com, geöffnet: 24 Stunden. Hier fühlt man sich wie im Film: Ein typischer amerikanischer Diner, in dem rund um die Uhr Essen serviert wird. Das Angebot ist breit genug, sodass jeder auf seine Kosten kommt, und wer jetzt meint, hier gäbe es das übliche Menü aus Sandwich, Burger und Steak hat einerseits recht, aber es gibt eben auch viel mehr. Frische Salate (als *side salad* oder ganze Mahlzeit), nicht nur Frittiertes, sondern auch Light-Produkte sowie unbegrenzt Kaffee (nur die erste Tasse muss bezahlt werden) und zu jeder Tages- und Nachtzeit auch das Frühstücksmenü. Kinderteller für die Kleinen sowie Beschäftigungsmaterial sind Standard. Und wer nach dem Hauptgericht nicht satt ist, sollte unbedingt die leckeren Kuchen oder einen Double Dip Sundae mit *hot fudge* probieren. WLAN.

🛈**32** [gk] Shula's America's Steak House $^{\$\$-\$\$\$}$, 5225 Collins Avenue, Miami Beach, Tel. 305–3416565, www. donshula.com, geöffnet: tgl. 6–23 Uhr, Happy Hour 16–19 Uhr. Der legendäre NFL-Coach Don Shula legte einen großen Teil seines Geldes in Steakhäusern in den USA an und bietet seinen Gästen hervorragende Fleischqualität im Ambiente altehrwürdiger Countryclubs mit viel Holzvertäfelung und gemütlichem Dekor. Hier findet jeder etwas zu essen, der gerne Fleisch mag, und das auch schon zum Frühstück. Wer möchte, kann sich am gigantischen 48 ounces wiegenden Steak versuchen und bekommt dann einen Platz auf der Ehrentafel. WLAN.

33 [C7] **Bubba Gump** $^{\$\$}$, 401 Biscayne Boulevard (Bayside Marketplace), Downtown, Tel. 305-3798866, www.bubba gump.com, geöffnet: So–Do 10.30–22 Uhr, Fr, Sa 10–23 Uhr. In Anlehnung an den sagenhaften „Forrest Gump", der im Film mit Shrimps reich wurde, gab sich das Restaurant seinen Namen und serviert gern und viel Shrimpgerichte. Aber auch Salate, Burger und Sandwiches mit Geflügel und Rind stehen auf der Karte dieses Familienrestaurants.

34 [C7] **Hard Rock Cafe** $^{\$\$}$, 401 Biscayne Boulevard (Bayside Marketplace), Downtown, Tel. 305-3773110, www.hardrock.com, geöffnet: tgl. 11–24 Uhr. Die Legende lebt, so könnte man sagen, denn das Konzept dieser Restaurantkette zieht eine Ruhmesspur um den Globus. In Miami hat das Hard Rock Cafe im Bayside Marketplace einen exponierten Standort mitten im Wasser gefunden, denn es befindet sich im eigenen Rock 'n' Roll Pavillon am Ende der Mall sozusagen im Hafenbecken. Salate, Burger und Steaks sowie Tex-Mex-Leckereien werden serviert. WLAN.

35 [F7] **Mango's** $^{\$\$}$, 900 Ocean Drive, Miami Beach, Tel. 305-6734422, www.MangosTropicalCafe.com, geöffnet: tgl. 11–4 Uhr. Neben den Getränken lohnt hier die amerikanische Küche, die man bei karibischen Tanzshows serviert bekommt.

36 [C5] **City Hall the Restaurant** $^{\$\$\$}$, 2004 Biscayne Boulevard, Downtown, www.cityhalltherestaurant.com, Tel. 305-7643130, geöffnet: Mo–Do 11.30–23 Uhr, Fr, Sa bis 1 Uhr, So 10–22 Uhr. Im Wahrzeichen Miamis serviert man amerikanische Gerichte der gehobenen Zubereitung.

37 [B10] **Edge Steak & Bar** $^{\$\$\$-\$\$\$\$}$, 1435 Brickell Avenue, Downtown, www.fourseasons.com, Tel. 305-3813190, geöffnet: tgl 6.30–23 Uhr. Sehr gute Fleischgerichte (Steaks) im eleganten Four Seasons Hotel.

▽ *Das Hard Rock Cafe steht mitten im Wasser*

Miami für Genießer

38 [B10] **Gordon Biersch Brewery** $$-$$$, 1201 Brickell Avenue, Downtown, Tel. 786/4251130, www.gordon biersch.com, geöffnet: Mo–Do 11.30– 24 Uhr, Fr bis 1 Uhr, Sa bis 2 Uhr. In der kleinen Brauerei gibt es gute Biere und dazu Handfestes aus der amerikanischen Küche.

39 [C9] **Blue Parrot Bar & Grill** $$, 801 Brickell Bay Drive, Downtown, www.blueparrotmiami.com, Tel. 305– 3747525, geöffnet: tgl. 11–23 Uhr. Leckere Salate und Burger.

40 [em] **The Original Pancake** $$, 1129 5th Street, Miami Beach, Tel. 305–9331966, geöffnet: tgl. 7–20 Uhr. Pfannkuchen in allen Variationen mit Fruchtfüllung, Fleisch oder Käse, dazu Crêpes, Waffeln und Kaffee, aber eben auch alle Arten von Steaks, Sandwiches, Burger und Salate.

Fastfood mal anders

Fastfoodketten kennt man zur Genüge aus aller Welt und sie sind meist überall ähnlich. In den USA ist aber eben vieles anders und neben den auch in Europa bekannten Ketten gibt es hier noch zahlreiche weitere, die man ruhig einmal testen kann. Mittlerweile müssen sogar alle auch leichte Produkte im Angebot haben, sodass einige Speisen auch kalorienreduziert zu bekommen sind. Eine echte Alternative zum Besuch im Restaurant ist das Essen bei **Taco Bell**. Hier gehen Tex-Mex-Gerichte über die Verkaufstheke, die sehr lecker sind. Frische (Taco-)Salate, Nachos und verschiedene Wraps sind eine ideale Zwischenmahlzeit, reichen aber auch für den ganzen Tag. In Miami gibt es ca. 60 Filialen, eine davon ist:

43 [C2] **Taco Bell**, 3595 Biscayne Boulevard, Downtown, geöffnet: tgl. 10–5 Uhr, www.tacobell.com

41 [A2] **Lost & Found Saloon** $, 185 NW 36th Street, Wynwood Art Distict, www.thelostandfoundsaloon. com, Tel. 305-5761008, geöffnet: tgl. 11–3 Uhr. Wüsste man nicht, dass man in Miami ist, so könnte man sich hier fast wie im Wilden Westen fühlen, mit rauchenden Colts, Sheriffs und Cowboys. Doch so bleibt im Saloon bei handfesten amerikanischen Gerichten nur die Illusion – dafür schießt aber auch niemand.

42 [C5] **18th Street Café** $, 210 NE 18th Street, Downtown, www.18thstreetcafe. com, Tel. 305–3818006, geöffnet: Mo–Fr 8–22 Uhr. Schnelle, aber leckere Gerichte wie Burger und Sandwiches.

Kubanisch

44 [dm] **Versailles** $, 3555 SW 8th Street, Little Havanna, www.versailles restaurant.com, geöffnet: Mo–Do 8–2 Uhr, Fr bis 3.30 Uhr, Sa bis 4.30 Uhr, So 9–2 Uhr. In diesem Restaurant, das Anfang der 1970er-Jahre als „Kaffee-Verkaufsbude" mit Take-away-Fenster öffnete und sich zu einem Restaurant mit fast 400 Sitzplätzen entwickelt hat, scheint die Zeit stehen geblieben zu sein. Und zwar die des 17. Jahrhunderts – mit imposanten Kristalllüstern und riesigen Wandspiegeln – und die der 1970er-Jahre – inkl. mit Vinyl bezogenen Stühlen im Stil des amerikanischen Diners. Hier, wo schon immer viel über die Politik Kubas diskutiert wurde, gibt es die beste kubanische Hausmacherküche Miamis, sagt man. Auf jeden Fall ist immer lecker, was die Belegschaft in der Küche auf den Teller bringt. Für den Anfang tut es vielleicht The Classic, eine Kombination aus Reis, schwarzen Bohnen, Hackfleisch, gegrilltem Schweinefleisch und vielen kubanischen Gemüsen.

45 [C8] **Le Paris Café** $$, 251 SE 1st Street, Downtown, Tel. 305–3715181, geöffnet: tgl. 7–5 Uhr. Im Gegensatz zum

Lecker vegetarisch

Amerika gilt für viele als das Land der Steaks und zwar der großen Steaks. Und das stimmt auch, denn die Menükarten werden weitgehend von Fleischgerichten oder zumindest fleischhaltigen Gerichten bestimmt. Der Vegetarier findet aber dennoch auch auf fast jeder Karte auch fleischlose Gerichte und selbst in Steakhäusern kann man sich an Salaten und z. B. gebackenen Kartoffeln laben, wenn man denn solche Restaurants überhaupt aufsuchen möchte. Zudem gibt es aber auch einige Restaurants, die spezielle vegetarische oder sogar vegane Gerichte oder Küche anbieten.

◐58 [E5] **The Café @ Books & Books** $^{\$\$}$, 933 Lincoln Road, Miami Beach, Tel. 305-6958898, www.booksandbooks. com, geöffnet: Mo–Do, So 10–22 Uhr, Fr bis 23 Uhr, Sa 9.30–23 Uhr. Neben fleischhaltigen Gerichten gibt es hier auch vegetarische Sandwiches sowie eine spezielle (allerdings kleine) vegane Speiseauswahl.

◐59 [E6] **Thrive Vegan Cafe** $^{\$}$, 1239 Alton Road, South Beach, Tel. 305-5327227, www.thrivevegan.com, geöffnet: Mo–Do 12–19 Uhr, Fr, Sa 12–21 Uhr, So 11–16 Uhr. Veganes mit leckerer Rohkost und tollen Säften steht hier auf der Karte. WLAN.

◐60 [D5] **The Lido Restaurant and Bayside Grill** $^{\$\$\$}$, 40 Island Avenue, Miami Beach, www.standardhotel.com, Tel. 305-6731717, geöffnet: tgl. 7–24 Uhr. Dem Namen sieht man es nicht an, aber hier gibt es vegetarische und sogar vegane Gerichte. Zudem wird bei allen Speisen und Getränken auf biologische Zucht bzw. Anbauweise geachtet.

◐61 [E7] **West Avenue Cafe** $^{\$\$\$}$, 959 West Avenue, Miami Beach, Tel. 305-5344211, www.westavenuecafe.com, geöffnet: So–Do 11–22 Uhr, Fr 11.30– 3 Uhr, Sa 7–24 Uhr. Koscheres mit verschiedenen vegetarischen und veganen Gerichten.

◐62 [gk] **New York Deli** $^{\$}$, 6546 Collins Avenue, Miami Beach, Tel. 305-8652522, www.newyorkbageldeli. com, geöffnet: Mo–Sa 7–21 Uhr, So 7–18.30 Uhr. Sandwiches, vor allem auf Bagelbasis, mit leckeren vegetarischen Optionen.

Dinner for one

Grundsätzlich ist es in Miami überhaupt kein Problem, allein essen zu gehen. Wenn man möchte, kann man vor allem in South Beach sehr leicht Anschluss finden, dies aber auch ebenso gut vermeiden. Empfehlenswert sind folgende Restaurants:

› **Denny's** (s. S. 40): Hier kann man allein an der Theke sitzen und wie im Hollywoodfilm entweder in Ruhe frühstücken oder andere Mahlzeiten zu sich nehmen.

› **The Clevelander** (s. S. 38): Auch hier ist man allein ein gern gesehener Gast, allerdings mitten im Geschehen von South Beach, man kann also sehr leicht andere Menschen kennenlernen.

◐63 [gh] **Miami Juice** $^{\$}$, 18315 West Dixie Highway, North Miami, Tel. 305-9358544. Im Stil einer Imbissbude bekommt man hier leckere Wraps, Falafels und sehr gute frische Fruchtsäfte.

◐64 [gj] **Lea's Tea Room** $^{\$\$}$, 9700 Collins Avenue (Bal Harbour Shops 2nd Level), Bal Harbour, Tel. 305-8680901. Im Stil eines französischen Cafés ist dieser Ort der Ruhe zwischen Prada, Gucci und anderen Modeschöpfern bzw. deren Kreationen eingerichtet. Neben Champagner, Wein, Kaffee und Tee gibt es auch leckere Kleinigkeiten zu essen.

› **The Café @ Books & Books** (siehe links). Hummus, Couscous, Sandwiches und Salate, dazu gibt es gute Weine.

Miami für Genießer

Namen gibt es hier vor allem Fritas (Frittiertes, z. B. Pommes Frites) und andere Spezialitäten Kubas.

🍴**46** [C7] **Bongos Cuban Café** $$$, 601 Biscayne Boulevard, Downtown, www.bongoscubancafe.com, Tel. 786-7772100, geöffnet: Mi–Fr 17–22 Uhr, Sa, So 10.30–22 Uhr. Alle Leckereien der Karibik kommen hier frisch auf den Tisch.

Italienisch

🍴**47** [F8] **Fratelli La Buffala** $$$, 437 Washington Avenue, Miami Beach, www.fratellilabuffala.eu, Tel. 305–5320700,

geöffnet tgl. 24 Stunden. Traditionelle napolitanische Küche mit Büffelmozzarella und Pizza mit naturbelassenen und aus organischem Landbau stammenden Zutaten.

🍴**48** [C9] **Pizza Rustica** $, 500 Brickell Avenue, Downtown, www.pizza-rustica.com, Tel. 786/7878422, geöffnet: So–Mi 11–24 Uhr, Do–Sa bis 6 Uhr. Leckere Pizza und Pasta.

Französisch

🍴**49** [C4] **La Provence French Bakery** $, 2200 Biscayne Boulevard, Downtown, www.laprovencemiami.com, Tel. 305–

EXTRATIPP

Für den späten Hunger

Viele Restaurants haben entweder sehr lange Öffnungszeiten oder sogar rund um die Uhr geöffnet. Der beste Tipp ist immer eine Filiale von **Denny's** (s. S. 40), denn die haben 24 Stunden geöffnet und bieten auch über den gesamten Zeitraum das vollständige Menü, sogar mit der kompletten Frühstückskarte.

Lokale mit guter Aussicht

Wer es gerne mondän und mit einem tollen Blick auf das Treiben am Ocean Drive mag, sollte unbedingt im **The Clevelander** (s. S. 38) einen Platz an der Bar suchen und hier sein Sandwich verzehren oder sich nahe der Straße einen Tisch reservieren lassen, die allerdings recht laut und direkt am Geschehen ist, was auch nicht jedermanns Sache ist.

🍴**66** [F6] **King & Grove Tides** $$/$, 1220 Ocean Drive, South Beach, Tel 305–6045070, www.kingandgrove.com, geöffnet: tgl. 7–23 Uhr. Nur wenige Meter vom Trubel entfernt, dafür aber etwas erhöht, sitzt man ganz toll auf der Terrasse. Im eleganten Ambiente genießt man Köstlichkeiten der Karibik und internationale Küche.

🍴**67** [F9] **Smith & Wollensky** $$$, 1 Washington Avenue, South Beach, www.smithandwollensky.com, Tel. 305–6732800, geöffnet: So–Do 12–23 Uhr, Fr, Sa 12–24 Uhr. Billig ist anders, dafür sitzt man hier aber bei sehr gutem Steak oder Fischgerichten mit einem herrlichen Blick auf den Atlantik direkt am South Pointe Park, dem südlichsten Punkt von South Beach.

🍴**68** [C8] **Area 31** $$$, 270 Biscayne Boulevard Way, Downtown, Tel. 305–4245234, www.area31restaurant.com, geöffnet: Mo–So 7–10.30 Uhr, 11.30–15 Uhr, 18–22 Uhr. Aus dem 16. Stock des Epic Hotels hat man einen grandiosen Blick über Miami, den Hafen und den Atlantik. Das Seafood wird von international gerühmten Starköchen zubereitet und ist ein Gedicht.

❯ Einen tollen Blick über das Treiben am Bayside Marketplace bietet zum Beispiel **Hooters** (s. S. 40). Alternativ kann man aber auch vom **Hard Rock Cafe** (s. S. 41), das auf einer eigenen kleinen „Insel" in der Bucht steht, Teile des Hafens und des Marketplace gut überblicken.

5768002, geöffnet: Mo–Sa 7–19 Uhr, So bis 18 Uhr. Belegte Baguettes, Croissants und Salate.

International

50 [B8] **The Corner** ^{ss}, 1035 N Miami Avenue, Downtown, Tel. 3059617887, geöffnet: Mo–Do, So 16–5 Uhr, Fr, Sa 16–8 Uhr. Hier gibt es aus fast jeder Ecke der Welt etwas, im Wesentlichen aber Sandwiches.

51 [F7] **The Villa by Barton G.** ^{ssss}, 1116 Ocean Drive, South Beach, www.thevillabybartong.com, Tel. 305–5768003, geöffnet: tgl. ab 19 Uhr. Um 1930 als luxuriöses Hotel Casa Casuarina erbaut, kam das Gebäude nach wechselvoller Geschichte 1992 in den Besitz von Gianni Versace, der auf dessen Stufen am 15. Juli 1997 erschossen wurde. 2009 ging das Anwesen dann in den Besitz von Barton G. Weiss über, der es zu einem Boutiquehotel und Gourmetrestaurant umbaute. Starkoch Jeff O'Neill serviert hier internationale Spitzenküche.

52 [B9] **Suviche** ^{ss}, 49 SW 11th Street, Downtown, www.suviche.com, Tel. 954/6755507, geöffnet: Mo–Do 11.30–22 Uhr, Fr, Sa bis 23 Uhr, So 13–21 Uhr. Internationale Gerichte, vor allem aus dem Mittelmeerraum.

53 [C8] **Riverwalk Café** ^{sss}, 400 SE 2nd Avenue, Downtown, www.miamiregency. hyatt.com, Tel. 305–3581234, geöffnet: So–Do 6.30–15 Uhr, 17–22 Uhr, Fr, Sa bis 23 Uhr. Gerichte aus der ganzen Welt im luxuriösen Ambiente des Hyatt Regency Hotels. WLAN.

Asiatisch

54 [C8] **Bali Café** ^{ss}, 109 NE 2nd Avenue, Downtown, Tel. 305–3585751, geöffnet: Mo–Fr 11–22 Uhr, Sa, So bis 4 Uhr. Schnell mal ein paar Fleischspieße oder gebratenen Reis? Da ist man hier genau richtig.

55 [F5] **Kung Fu Kitchen & Sushi** ^{sss}, 1720 Collins Avenue, South Beach, www.catalinasouthbeach.com, Tel. 305–5347905, geöffnet Mo–So 17–24 Uhr. Asiatische Gerichte leicht und lecker zubereitet und im stylisch-schicken Ambiente serviert.

56 [B9] **Mint Leaf Indian Brasserie** ^{ss}, 1059 SE 1st Avenue, Downtown, www. mintleafib.com, Tel. 305–3585050, geöffnet: tgl. 12–15 Uhr, 18–23 Uhr. Currys und andere indische Spezialitäten.

Seafood

57 [A7] **Garcias** ^{ss}, 398 NW North River Drive, Downtown, www.garciasmiami. com, Tel. 305–3750765, geöffnet: tgl. 11–22 Uhr. Garcia's hat eine eigene Fischfangflotte, die Fisch, Lobster und anderes Seafood absolut frisch auf den Tisch bringt.

Smoker's Guide

*Die USA haben „rauchfrei" zum Maßstab erhoben. Aus diesem Grund sind Tabakwaren nicht nur teuer, sondern auch fast nur open-air zu konsumieren. Das Gesetz besagt ganz klar, dass alle Restaurants und Bars 100 % rauchfrei sein müssen. Nur freistehende Bars, deren Umsatz zu weniger als 10 % durch Speisen erwirtschaftet wird, dürfen das Rauchen erlauben. Damit ist eigentlich alles gesagt, wenngleich man in den Open-air-Bereichen der Restaurants am Ocean Drive immer wieder mal jemanden eine Zigarre nach dem Essen rauchen oder zum Kaffee/ Drink genießen sieht. Generell darf aber weder in **Hotels** noch in **Restaurants** oder **Bars** geraucht werden – so bleibt nur der Bürgersteig.*

023mi Abb.: ho

Miami am Abend

Zumindest in Miami Beach, genau-er South Beach, kann man den Ein-druck gewinnen, hier sei rund um die Uhr Party. Und so ist es ja auch prak-tisch ganzjährig, denn aus den Laut-sprechern tönt die Musik der Restau-rants, Bars und Discos und den gan-zen Tag über wirft sich der/die eine toll in Schale, während der/die ande-re als Bikinischönheit oder Badeho-senmodel über die Straße flaniert.

In Miami pulsiert das Leben, hier geben sich internationale **Stars** die Hand, hier wurden und werden Mu-siklegenden geboren. Gloria Estefan und Lenny Kravitz begannen hier ihre großen Erfolge und auch heute war-ten hier eben auch immer noch **Mu-siker** auf ihre Entdeckung. So vergeht in South Beach am Ocean Drive kaum ein Tag, an dem nicht irgendein Musi-ker oder eine Band CDs auf der Stra-ße verteilt, manchmal gratis, manch-mal für fünf Dollar. Sie wollen auf sich

aufmerksam machen, hoffen darauf, dass jemand aus der Musikbranche ihre CD erhält und gut findet, damit der große Durchbruch erfolgen kann.

Doch die eigentliche Party fin-det natürlich auch in Miami erst am Abend statt. Und dann heißt das Mot-to neben „Spaß haben" vor allem „sehen und gesehen werden", denn Miami gilt als **Metropole der Schön-heit.** Da darf man ruhig länger mit dem Outfit beschäftigt sein und soll-te dies auch, denn vor nahezu allen Klubs, insbesondere aber vor den angesagten Locations, stehen wach-same **Security-MItarbeiter,** die ge-nau hinschauen, wer hinein darf. Es gilt eben auch die Devise „schön und reich". Während Ersteres nicht unbe-dingt zu beeinflussen ist, kann man am zweiten Aspekt bzw. der dazu pas-senden Erscheinung feilen. **No-gos** sind Sneaker, legere Freizeitkleidung oder gar T-Shirts für Herren. Hier wer-den schon Hemden (mindestens Po-lo-Hemden), Designerjeans und geputzte Schuhe erwartet, während für die Damenwelt vor allem hippe (sexy) Kleidung mit möglichst hohen Absätzen als angesagt gelten. Dann kommt nur noch die Altershürde, denn Klubs gewähren grundsätzlich erst **ab 21 Jahren** Zutritt und für den Genuss von **Alkohol** gilt dies allemal und wird auch strengstens kontrolliert.

Gefeiert wird aber nicht nur in South Beach. Auch in **Downtown** gibt es tolle Bars, Lounges und Klubs und **Little Havanna** überzeugt abends durch karibisches Flair.

Aktuelle Locations werden stets im **Travel Planner** des Greater Miami Convention & Visitors Bureau (s. S. 109) und in den Magazinen **South Florida Where** und **Greater Miami Dade Travelhost** veröffentlicht.

Nachtleben

Bars, Lounges, Pubs

❯ Mango's (s. S. 41). Cocktails, Bier und amerikanische Küche, gemischt mit karibischen Tanzshows von überaus ansehnlichen Tänzern und Tänzerinnen. Insgesamt einer der Orte, an denen der Mythos geboren worden sein könnte, die Stadt sei eine der „sexiesten" der Welt.

❶70 [F5] **Skybar@Shoreclub,** 1901 Collins Avenue, South Beach, Bus 103, 119, 150, Tel. 786/2766772, www.shoreclub.com, geöffnet: So–Mi 19–2 Uhr, Do–Sa 22–3 Uhr. Trendy und luxuriös, so gibt sich diese tolle Bar, die aus mehreren einzelnen Bereichen besteht, und besticht mit tollen Lichteffekten, einem herrlichen Blick über South Beach und sehr leckeren Cocktails.

❶71 [B2] **The Stage,** 170 NE 38th Street, Miami Design District, Bus 3, 10, 110, 119, 120, 150, Tel. 305–5769577, www.thestagemiami.com, geöffnet: Mo 20–2 Uhr, Di–Do bis 4 Uhr, Fr, Sa 17–4 Uhr, So 12–2 Uhr. Ist es ein Pub? Ja,

aber mit Livemusik, Karaoke, DJ und allem, was manche in einer Disco vermuten. Dazu ist die Lichtshow mit Filmeinblendungen ein Augenschmaus. Kurz gesagt, ein Ort, den man besuchen sollte.

❶72 [E5] **Upstairs at Van Dyke Café,** 846 Lincoln Road, South Beach, Bus 113, 120, 123, 150, Tel. 305–5343600, www.thevandykecafe.com, geöffnet: tgl. 21–1 Uhr. Tolle Atmosphäre oberhalb der Lincoln Road und mit Jazz, Blues und Loungemusik so ganz anders als die anderen lauten Klubs in South Beach.

❶73 [B9] **Tobacco Road,** 626 South Miami Avenue, Downtown, 103, 119, 120, Tel. 305–3741198, www.tobacco-road.com, geöffnet: tgl. 11.30–5 Uhr. Die älteste Bar Miamis, die 2012 ihr hundertjähriges Bestehen feiert, zeigt sich auch heute noch ausgesprochen jung. Hier vertrieb sich auch der legendäre Al Capone gern seine Zeit. Heute trifft man hier die Business-Menschen von Downtown nach der Arbeit ebenso wie Leute, die den Abend gern mit Freunden bei einem guten Drink genießen möchten.

❶74 [B9] **Taverna Opa,** 900 South Miami Avenue, Downtown, Bus 103, 1119, 120, www.tavernaopa.com, Tel. 305–6736730, geöffnet: Mo, Di, So 11–1 Uhr, Mi–Sa bis 4 Uhr. Eigentlich sagt es schon der Name: Es handelt sich um eine griechische Taverne. Aber es ist eben doch mehr als ein griechisches Restaurant, denn hier gibt es die Mahlzeiten als Event mit viel Musik, manchmal sogar live.

◁ *Abendstimmung am Miami Beach*

Miami am Abend

Weinbistros

❶75 [F8] **The Room,** 100 Collins Avenue, South Beach, Bus 103, 119, 150, Tel. 305–5316061, www.theroommiami beach.com, geöffnet: tgl. 19–5 Uhr. Sehr stylish eingerichtete Weinbar, in der man allerdings auch leckere Biere bekommt.

❶76 [B1] **The Blue Piano** $$, 4600 NE 2nd Avenue, Little Haiti, Buena Vista, Bus 9, 10, 103, 110, 119, 120, Tel. 305–5767919, www.thebluepiano. com, geöffnet: Mo–Fr 11–15 Uhr, Di, Mi 18–24, Fr, Sa bis 2 Uhr. Nette kleine Pianobar mit guter Wein- und Bierauswahl und z. T. Livemusik.

Livemusik und Discos

❶77 [F6] **Jazid,** 1342 Washington Avenue, South Beach, Bus 120, 123, Tel. 305–6739372, www.jazid.net, geöffnet: tgl. 22–5 Uhr. Täglich spielen hier Bands aus den Musikbereichen Jazz, Funk, Reggae, Latin und Rock. Hier treffen sich gerne auch die *locals*, weniger die ganz schicken Partymenschen.

❭ **Liv at Fontainebleau,** im Fontainebleau Miami Beach (s. S. 124), Bus 112, 119, Tel. 305–6744680, www.livnight club.com, geöffnet: Mi, Fr, Sa 23–5 Uhr. Angesagter Klub im legendären Hotel Fontainebleau in Miami Beach. Neben aktueller Musik wird eine tolle Lichtshow geboten und so zieht der Klub neben dem normalen Partyvolk auch immer wieder *celebrities* aus aller Welt an.

❶78 [F5] **Set,** 320 Lincoln Road, South Beach, Bus 103, 120, 150, Tel. 305–5312800, www.setmiami.com, geöffnet: Do–So 23–5 Uhr. Schick, klein, laut und wenn viele Mensche da sind, auch nicht unbedingt zum Tanzen geeignet, aber ein toller Nightspot für Junge und Junggebliebene, die es verstehen, sich herauszuputzen.

❶79 [F4] **Mokai,** 235 23rd Street, South Beach, Bus 103, 112, 150, Tel. 305–6731409, www.mokaimiami.com,

geöffnet: Di–Sa 22–4 Uhr. Gut besuchter Discoklub, der aber auch nur als Bar oder Lounge sehr beliebt ist. Verschiedene DJs legen hier Aktuelles und Rockiges auf.

❶80 [F5] **Mynt,** 1921 Collins Avenue, South Beach, Bus 103, 112, 150, Tel. 305–5230727, www.myntlounge.com, geöffnet: Do–Sa 23–5 Uhr. Discotempel mit heißen Rhythmen und schönen Menschen im tollen Outfit.

❶81 [F6] **Cameo,** 1445 Washington Avenue, South Beach, Bus 103, 123, 150, Tel. 786/2355800, www.cameomiami. com, geöffnet: Mo–So 23–2.30 Uhr, Sa bis 5 Uhr. Hip-Hop, R&B, House sowie Dance/Electronic dröhnen hier zur Freude der Partygäste aus den Lautsprechern.

❶82 [B6] **Space,** 34 NE 11th Street, Downtown, Bus 103, 119, 120, Tel. 305–3750001, www.clubspace.com, geöffnet: Fr, Sa 22–5.30, So 18–4 Uhr. Einer der ältesten und bekanntesten Klubs Miamis, in dem DJs aus dem ganzen Land auflegen. Bei besonderen Events können die Schlangen lang werden, am besten dann online Tickets kaufen.

❶83 [F6] **Mansion,** 1235 Washington Avenue, South Beach, Bus 120, 123, 150, www.mansionmiami.com, Tel. 305–5315535, geöffnet: Mi–Sa 23–5 Uhr. Toller, moderner Tanztempel mit verschiedenen Räumen, House- und Techno-Musik. Der Klub ist immer gut besucht, sodass man eventuell lange auf Einlass warten muss. Zudem sind Getränke recht teuer.

❭ **Arkadia at Fontainebleau,** im Fontaine-bleau Miami Beach (s. S. 124), Bus 119, www.arkadiamiami.com, Tel. 305–6744690, geöffnet: Do–Sa 23–5 Uhr. Vor allem R&B-Musik lädt hier auf die Tanzflächen ein. Das Publikum ist nicht ganz so aufwendig gestylt wie im Liv, das sich im gleichen Haus befindet, manche sagen aber, dafür hätte man hier mehr Spaß. Einfach ausprobieren.

⊘84 [em] **Hoy Como Ayer,** 2212 SW 8th Street, Little Havanna, Bus 11, 119, 123, 207, 208, Tel. 305-5412631, www.hoycomoayer.us, geöffnet: Do 21-1 Uhr, Fr bis 3 Uhr, Sa bis 4 Uhr. Mitten in Little Havanna liegt dieser Klub abseits der üblichen Partymeile der feierfreudigen Menschen. Hier hört man vor allem Latin Music, zu der auch gerne und viel getanzt wird. Wer mag, kann aber auch nur zuhören und schauen.

Theater und Konzerte

Im Bereich Theater hat Miami sehr viel zu bieten, wobei das Angebot von Klassik über Moderne bis zum Experimentellen reicht und oftmals vom amerikanischen Geschmack des Entertainments geprägt ist.

⊘85 [E5] **Colony Theatre,** 1040 Lincoln Avenue, South Beach, Bus 113, 119, 150, Tel. 305-6741040, www.colony theatremiamibeach.com. Im hübschen Art-déco-Gebäude gibt es Aufführungen aus den Bereichen Comedy, Oper, Theater und Film.

⊘86 [F5] **The Fillmore Miami Beach at the Jackson Gleason Theater,** 1700 Washington Avenue, Miami Beach, Bus 112, 113, 119, 150, Tel. 305-9382505, www.fillmoremb.com. Internationale Stars aus der Musik- und Tanzszene, Comedy und vieles mehr wird auf der großen Bühne präsentiert.

⊘87 [cn] **Fantasy Theatre Factory,** 7069 SW47th Street, Tel. 305-2848800, www.ftfshows.com. Die experimentelle Theatergruppe hat stets ein neues Programm (auch für Kinder), das an unterschiedlichen Orten Miamis und in den Nachbarstädten aufgeführt wird. Man kann Karten über das Internet kaufen.

⊘88 [F5] **New World Center,** 500 17th Street, South Beach, Tel. 305-

6733331, www.nws.edu. Anfang 2011 eröffnet, bietet das Konzerthaus im trendigen South Beach Platz für über 750 Zuhörer, die dem Können der New World Symphony oder anderen Künstlern lauschen möchten. Der besondere Clou der Konzerthalle besteht darin, die innen gespielten Konzerte auf eine über 600 m² große Fläche der Außenfassade zu übertragen, sodass bis zu 1000 Menschen, die dem kostenlos folgen möchten, dies vom palmengesäumten Park vor der Halle aus können.

Miami für Kunst- und Museumsfreunde

Museen

❶ [F4] **Bass Museum of Art.** Malerei, Textilien, Fotografien und Zeichnung in einem Gebäude, das an einen Maya-Tempel erinnert.

❸ [F8] **Jewish Museum of Florida.** Das Museum informiert über die jüdische Kultur Floridas der letzten 250 Jahre und ist zugleich Treffpunkt für Menschen, die das Judentum verstehen möchten, sowie für Juden, die hier ihre Wurzeln suchen.

❺ [B8] **HistoryMiami.** Hier wird die Geschichte Miamis in Dauer- und Wanderausstellungen lebendig.

🏛89 [fj] **Museum of Contemporary Art,** 770 NE 125 St., North Miami, Tel. 305-8936211, www.mocanomi.org, geöff-

Museen, die mit einer magentafarbenen Nummer (❶) als Hauptsehenswürdigkeit ausgewiesen sind, werden im Kapitel „Miami entdecken" ausführlich beschrieben. Dort finden sich auch alle praktischen Informationen wie Adresse, Öffnungszeiten usw.

Miami für Kunst- und Museumsfreunde

net: Di, Do–Sa 11–17 Uhr, Mi 13–21 Uhr, So 12–17 Uhr, Eintritt: $ 5, Kinder $ 3. Zeitgenössische Kunst wird hier neu, inspirierend und auch provokant ausgestellt. Neben einer Dauerausstellung (z. B. der „Electric Tree" von Mark Handforth) gibt es stetig wechselnde Exponate zeitgenössischer Künstler, die um kulinarische Genüsse aus dem kleinen Restaurant bzw. Auftritte von Musikern ergänzt werden.

🏛**90** [am] **Patricia & Phillip Frost Art Museum,** 10975 SW 17 St., Miami, Tel. 305–3482890, http://thefrost. fiu.edu, geöffnet: Di–Sa 10–17 Uhr, So 12–17 Uhr. Nach dem Studium der französischen Literatur beendete Phillip Frost 1961 sein Medizinstudium, in dem er sich vor allem für Dermatologie interessierte. Später arbeitete er im National Skin Cancer Institute und machte ab 1972 mit Key Pharmaceuticals ein Vermögen. Zusammen mit seiner Frau Patricia, einer Grundschulrektorin, war er aber schon immer den schönen Künsten zugetan und so spendeten sie 2003 jeweils 33 Millionen Dollar an die School of Music und das Kunstmuseum der Florida International University, das aus diesem Grund in Patricia & Phillip Frost Museum umbenannt wurde. Das Museum möchte mit seinen Ausstellungen bei der lokalen Bevölkerung Kunstverständnis anregen und letztlich auch internationale Akzeptanz erwerben. Letzteres wurde 2001 erreicht, als das Art Museum in die „Familie" der bekannten Smithsonian-Museen aufgenommen wurde. Neben den vielen Bildern und anderen Objekten ist vor allem die Ausstellung zu lateinamerikanischer Kunst sehenswert, die von Stücken aus der präkolumbianischen Zeit von 500 v. Chr. bis zu zeitgenössischer Kunst reicht.

🏛**91** [dn] **Lowe Art Museum,** 1301 Stanford Dr., University of Miami, Coral Gables, www.lowemuseum.org,

Tel. 305–2843535, geöffnet: Di, Mi, Fr, Sa 10–17 Uhr, Do 12–19 Uhr, So 12–17 Uhr, Eintritt: $ 10. In diesem Museum auf dem Gelände der Universität von Miami werden alljene fündig, die an den Werken der sogenannten Alten Meister interessiert sind oder die Kunst des Fernen Ostens, Latein- und Mittelamerikas bewundern wollen, es wird aber auch zeitgenössische Kunst ausgestellt.

🏛**92** [B8] **Miami Art Museum,** 101 W. Flagler St., (Miami-Dade Cultural Center), Downtown Miami, Tel. 305–3753000, www.miamiartmuseum. org, geöffnet: Di–Fr 10–17 Uhr, Sa, So 12–17 Uhr, Eintritt: $ 8. 1984 eröffnete das Haus als Veranstaltungsgebäude, bekam aber schon rasch eine dauerhafte Ausstellung mit Werken namhafter Künstler, zu denen z. B. auch Andy Warhol gehört. Hinzukommen über das Jahr verteilte Themenausstellungen.

🏛**93** [fl] **Miami Children's Museum,** 980 MacArthur Causeway, Miami, Tel. 305–3735437, www.miamichildrens museum.org, geöffnet: tgl. 10–18 Uhr. Auf über 50 Quadratmetern können die lieben Kleinen hier schauen, staunen und manchmal auch selbst aktiv werden, in jedem Fall wird Kunst hier altersgerecht aufbereitet (alle Informationen aber leider nur auf Englisch).

🏛**94** [em] **Miami Science Museum,** 3280 s. Miami Ave., Miami, Tel. 305–6464200, www.miamisci.org, geöffnet: tgl. 10–18 Uhr, Eintritt: $ 14,95, Kinder $ 10,95. Wie funktioniert ein Laser? Wo finde ich was im Weltall und wie hängt es mit uns zusammen? Das sind Fragen, die hier geklärt werden, aber es soll gleichzeitig auch das Bewusstsein für

▷ *Im Wynwood Art District sind schon die Häuserfassaden Kunst*

bestimmte Dinge des Alltags geweckt werden, indem beispielsweise erläutert wird, welche wichtige Funktion Insekten in der Natur haben und wie Auswilderungsprogramme durchgeführt werden bzw. warum sie sinnvoll sind.

024mi Abb.: ho

🏛 **95** [F7] **Wolfsonian-FIU**, 1001 Washington Ave., Miami Beach, Tel. 305–5311001, www.wolfsonian.org, geöffnet: Sa–Di, Do 12–18 Uhr, Fr bis 21 Uhr, Mi geschlossen. Der wohlhabende Geschäftsmann und Sohn des ersten jüdischen Bürgermeisters von Miami Beach, Mitchell Wolfson jr., spendete 1997 seine umfangreiche Kunstsammlung der Florida International University, womit der Grundstein des Wolfsonian-Museums gelegt war. Diese Sammlung umfasst vor allem Designobjekte des vorletzten und letzten Jahrhunderts.

🏛 **96** [F6] **World Erotic Art Museum**, 1205 Washington Ave., Mezzanine Level, Miami Beach, Tel. 305–5329336, www. weam.com, geöffnet: Mo–Do 11–22 Uhr, Fr–So 11–24 Uhr, Eintritt: $ 15, Zutritt nur für Personen über 21 Jahre. „Adults only" gilt als Grundsatz des Museums, das sich der erotischen Kunst verschrieben hat. Hier wird die Erotik ab der biblischen Zeit, über das alte Rom und Griechenland bis hin zu den Meisterwerken der aktuellen Malerei thematisiert. Dazu kommen zahlreiche andere erotische Exponate wie Skulpturen, Fotografien, erotisches Spielzeug etc.

Kunstgalerien

Kunst oder das, was manche Menschen dafür halten, hat in Miami einen hohen Stellenwert, denn schließlich möchte man möglichst hip sein. Die große Kunstbegeisterung hat z. B. dazu geführt, dass seit 2002 alljährlich eine „Schwesterveranstaltung" der berühmten Art Basel in Miami stattfindet, die **Art Basel Miami Beach**. Immer Anfang Dezember trifft sich hier die internationale Kunstszene, um neben Ausstellungen, Partys und Events sich selbst und die Kunst im Allgemeinen zu feiern. Dazu gibt es alles für Sammler, Kenner und Kunstinteressierte. Neben Miami Beach sind seit ein paar Jahren auch noch drei weitere Viertel von der Kunstszene entdeckt worden: der **Wynwood Art District, Midtown Miami** und der **Design District.**

Aktuellste Informationen über Galerien und Ausstellungen gibt es auf der Internetseite www. art-collecting. com/galleries_fl_miami.htm. Im Wynwood Art District kann man zudem zahlreiche Galerien, aber auch Künstkerwerkstätten und Open-Air-Kunst entdecken.

🎨 **97** [A4] **D&G Design Gallery**, 540 NW 28th St, Miami, Tel. 305–4389798, www.dgartdesigngallery.com. Erik Don und Oswaldo Agudedo tragen hier Werke und Objekte bekannter Künstler aus Europa, den USA und Lateinamerika zusammen. Hier ist die Crème de la Crème zu finden, denn etliche der Künstler werden von Sotheby's, die bekanntlich die besten und teuersten Kunstgegenstände anbieten, gehandelt.

Miami für Kunst- und Museumsfreunde

025mi Abb.: ho

EXTRATIPP

Gallery Walk
Jeden zweiten Samstag im Monat öffnen abends zwischen 19 und 22 Uhr die Galerien im Wynwood Art District, um Interessierten ihre Werke zu zeigen und vor allem das eine oder andere Stück auch (hochpreisig) zu verkaufen.

100 [em] **Cremata Gallery,** 1646 SW 8th St, Little Havanna, www. crematafineart.com, Tel. 305–6443315. Seit 2005 kann man hier die Werke von Künstlern aus Lateinamerika und Kuba bewundern. Außerhalb des Gallery Walk nur nach Vereinbarung geöffnet.

101 [dn] **Dharma Studio Contemporary Art,** 3170 Commodore Plaza, Coconut Grove, www. dharmastudio.com, Tel. 305–4611777. Werke internationaler, zeitgenössischer Künstler werden in einem Yoga-Studio präsentiert. Sonst nur zu den Yoga- und Meditationskursen geöffnet.

98 [B3] **Rubell Family Collection,** 95 NW 29th St, Miami, Tel. 305–5736090, www.rfc.museum, geöffnet: Mi–Fr ab 14 Uhr, nur nach Voranmeldung, Eintritt: $ 10. Vor allem Bilder, Skulpturen und Objekte jedweder Epoche und Stilrichtung (böse Zungen behaupten hier herrscht die reine „Sammelwut").

99 [B4] **Zadok Gallery,** 2534 N. Miami Ave., Miami, Tel. 305–4383737, www. zadokgallery.com, geöffnet: auf Anfrage und jeden zweiten Sa im Monat von 19–22 Uhr im Rahmen des Gallery Walk. Zeitgenössische Kunst europäischer, asiatischer und amerikanischer Künstler.

Kunst unter freiem Himmel

In Miami gibt es an verschiedenen Stellen „Kunst" zu bestaunen, vor allem aber im **Art Deco District.** Da sind z. B. die Fahrzeuge aus den 1920er-Jahren an der Collins Avenue [F7] zu nennen, in denen **Pappmachéfiguren** Gangster- und Detektivfilme aufleben lassen (etwa zwischen 7th und 10th Street). Das große **Thermometer** mit Uhr am Art Deco Welcome Center (s. S. 109) gehört genauso in diese Kategorie wie auch viele Gebäude im „Art-déco-Viertel". Außerdem gibt es frei zugängliche Kunst im Wynwood Art District:

102 [A4] **Wynwood Walls,** zwischen 25th und 26th St, zwischen Joey's Italien Café und Wynwood Kitchen&Bar, www. thewynwoodwalls.com. Mehrere Häuserblocks wurden hier bemalt. Es gibt fantasievolle Bilder an Fassaden und Türen.

◁ *Auch künstlerisch eindrucksvoll: das Holocaust Memorial* ❷

▷ *Der Art-déco-Stil findet sich in South Beach sogar bei den Toilettenhäuschen wieder*

Art déco

Der **Art Deco District** ist ein Bereich in Miami Beach, dessen bunte Häuser jeder zumindest schon mal als Foto gesehen hat. Art déco ist eine Stilrichtung, die sich aus dem Jugendstil entwickelte. Ihre Zeit waren die 1920er bis 1940er-Jahre und ihr Name ist der Kunstgewerbeausstellung „Arts Décoratifs" von 1925 entlehnt, in der das Augenmerk auf der **Verknüpfung von Eleganz und Form** bei Gebäuden, Fahrzeugen, Kleidung, Schmuck und Dingen des täglichen Gebrauchs lag. Bestimmend waren **kostbare** oder **scheinbar kostbare Materialien** (wie Strass und Bakelit), **kräftige Farben** und **erotische Sinnlichkeit.** Kurz gesagt, man konnte sich trotz der weltweiten Krise (und vor dem nächsten Krieg) noch etwas leisten (oder meinte es zu können) und sah somit im Überflüssigen das Notwendige. Elegante und klare Linien mit geometrischem Dekor bestimmen das Design von Gegenständen des Alltags, blumige Motive und plakative Farben die Farbgestaltung.

Während sich der Art déco zunächst in Europa entwickelte, konnte er dann auch rasch in den USA Fuß fassen und sich hier besonders entwickeln. So ist das Empire State Building in New York ein Klassiker dieser Stilrichtung, aber auch Miami Beach besitzt eindrucksvolle Zeugen dieser Zeit. Geradlinig, geometrisch und mit bunten Fassaden, mit Motiven und Farben aus der Natur Floridas, viel Glas und Glasbausteinen und kühler Neonbeleuchtung – gerade dies gibt **Miami South Beach** seinen coolen Charme. Viele der Häuser sind heute herrlich renoviert und beherbergen exzellente Hotels oder Restaurants, in einem sind auch die Beach Patrol und das **Art Deco Welcome Center** (s. S. 109) untergebracht, wo man herrliche Art-déco-Kunstdrucke bekommen kann.

026mi Abb.: ho

Miami zum Träumen und Entspannen

027 mi Abb.: ho

Bietet eine so hippe und lebenslustige Stadt wie Miami eigentlich Möglichkeiten zum Entspannen, wenn man nicht gleich Hunderte von Dollar in den eleganten und luxuriösen Spas der Weltklassehotels ausgeben möchte? Die Antwort lautet „Ja", denn allein schon der kilometerlange weiße **Sandstrand** bietet so viele Rückzugsmöglichkeiten, dass man sich aussuchen kann, ob man den Trubel am South Beach haben möchte oder einfach etwas nach Norden oder Süden wandert und dort dann vielleicht ganz allein ist. Hinzukommen die vielen grünen Lungen der Stadt, die öffentlichen Parks, die man überall kostenlos besuchen kann. Für einen Coffee to go am Morgen reicht vielleicht schon der **Ocean Front Park** unmittelbar zwischen Ocean Drive und Strand, denn hier gibt es Bänke zum Ausruhen, wer mag, kann aber auch auf dem Rasen sitzen.

Im Süden lockt der **South Pointe Park** [F9], der südlichste Punkt von Miami Beach, mit Wanderwegen und tollem Blick auf den Atlantik. Weiter im Westen kann man im **Flamingo Park** [E6] wandern, der allerdings

auch Sportmöglichkeiten und sogar einen Pool bietet. Eine kleine Oase der Ruhe ist auch der Park vor dem **Bass Museum of Art** ❶, der zwar klein ist, aber neben Büsten bekannter Personen Miamis und verschiedenen Kunstobjekten auch Bänke besitzt.

Fährt man nach Norden, kann man z. B. am **Haulover Beach Park** kilometerweit wandern oder einfach nur den Strand genießen. Aber Achtung: Hier befindet sich auch der offizielle Nacktbadestrand Miamis.

In Downtown lohnt der **Bayfront Park** [C8] den Besuch, während man für echte Naturerlebnisse schon eher nach Key Biscayne fahren sollte, um im **Crandon Park** ⓬ oder im **Bill Baggs Cape Florida State Park** ⓭ zu wandern.

◁ *Sonne, Sand, Palmen und blaues Meer – Miami ist der perfekte Ort zum Entspannen*

EXTRATIPP

Für Freunde der Freikörperkultur

Am **Haulover Beach** hat man am ehesten einen Platz ganz für sich, denn hier treffen sich die Anhänger des FKK. Das sind zumindest innerhalb der Woche relativ wenige Menschen, die dann auch die Privatsphäre jedes anderen Gastes respektieren. Hier kann man sich in aller Ruhe sonnen, lesen, baden oder picknicken.

● **103** [gi] **Haulover Beach**, A1A zwischen Sunny Isles Causeway und Broad Causeway. Große gebührenpflichtige Parkplätze stehen an der A1A zur Verfügung.

Am Puls der Stadt

003mi Abb.: ho

Das Antlitz Miamis

Schon beim Landeanflug auf die Stadt kann man es erkennen: Miami ist riesig. 92 Quadratkilometer Land und 50 Quadratkilometer Wasser umfasst der Großraum Miami, in dem weit über fünf Millionen Menschen leben, davon aber nur etwa 500.000 in der Stadt selbst. Miami ist von einem Straßennetz durchzogen, das im Wesentlichen schachbrettartig angelegt ist. Besonders eindrucksvoll ist dies bei Nacht, wenn das ganze Gebiet beleuchtet ist und so wirkt, als sei es von hellen Linien durchzogen.

EXTRAINFO

Miami in Zahlen
Gegründet: 18. Juli 1896
Einwohner: ca. 5.5 Millionen
Bevölkerungsdichte: ca. 4.350/km²
Fläche: 142 km²
Höhe ü. d. M.: 2 m

◁ *Vorseite: Hoteltürme im Süden von South Beach*

Im Osten wird die Stadt vom Atlantik begrenzt, im Westen von den Everglades ㉑, im Norden geht Miami nahezu ohne Grenze in das Gebiet von Fort Lauderdale über, während im Süden wiederum der Atlantik und die Florida Bay das **Ende des Stadtgebiets** markieren. Nur etwa 2 Meter ragt das Land über dem Meeresspiegel auf, was es zu einem Radfahrerparadies machen könnte, wenn die Entfernungen nicht so groß wären und das Klima nicht tropisch-schwül. Deshalb bewegt sich die große Mehrheit der Menschen mit dem **Auto** fort und so ist die Stadt auch konzipiert. In der Zeit der günstigen Benzinpreise wurden Hotels, große Malls und Einkaufszentren weitab vom Stadtzentrum errichtet, da Bauland günstig war und jeder es leicht erreichen konnte. Benzin ist nun teurer, gefahren wird aber noch genauso, schließlich gibt es mittlerweile auch in den USA sparsamere Motoren. Für Besucher aus Europa ist der Benzinpreis aber immer noch erträglich, denn eine Gallone mit etwa 4 Litern kostete im Frühjahr 2013 noch unter 3 Euro.

Moderne und schicke Bauten beherrschen vor allem den Norden von Miami sowie das Geschäfts- und Bankenviertel **Downtown**. Historische Artdéco-Gebäude findet man in **South Beach** und in **Little Havanna** gibt es baulich auch ein klein wenig Kuba zu sehen. Eher durch die bunten Farben als durch typische Bauten zeigt sich dagegen **Little Haiti** als eigenständiges Viertel. Luxuriöse und mediterran anmutende Architektur bestimmt das Bild in **Coconut Grove** und **Coral Gables**, während das Gebiet weiter im Süden vom städtisch geprägten Umfeld zum eher **landwirtschaftlich genutzten Bereich** wird, der vor allem durch kleinere und größere Eigenheime und Farmen geprägt ist. Richtig luxuriös geht es auf den **Inseln** zwischen Miami und Miami Beach zu, denn hier wohnen Stars und Prominente, Wirtschaftsbosse und Politiker.

Alle diese Menschen müssen versorgt werden. Dazu zählen neben Lebensmitteln vor allem auch Kleidung und andere Dinge des täglichen Lebens. Während man solche Dinge in South Beach, Little Havanna und Little Haiti noch beim „Kaufmann um die Ecke", also in kleineren Geschäften, bekommt, kauft die große Masse der Menschen in den vielen **Malls** ein. Diese sind entweder mehr auf Gebrauchsgüter des täglichen Lebens eingestellt oder frönen dem wahren Luxus, denn was in Miami neben all den tollen, bunten, hübschen und exotischen Aspekten auffällt, ist eben auch die große **Spanne zwischen Arm und Reich**. Während es durchaus viele Menschen gibt, die ihre gesamte Habe im Einkaufswagen mit sich herumfahren, an Kreuzungen wartende Autofahrer um ein wenig Kleingeld anbetteln oder deren Windschutzscheiben während der Rotphase blitzblank putzen, kaufen modebewusste Menschen im gleichen Augenblick nur wenige Blocks weiter Kleidung für etliche Tausend Dollar ein.

☑ *Miami vom Rickenbecker Causeway (s. S. 21) aus gesehen*

028mi Abb.: ho

Von den Anfängen bis zur Gegenwart

Florida ist nicht erst seit den Zeiten des internationalen Massentourismus ein begehrtes Ziel, sondern schon seit seiner Besiedelung vor etwa 10.000 Jahren. Damals drangen die ersten Gruppen der Ureinwohner Nordamerikas, die zuvor über die Beringstraße (ursprünglich existierende Landbrücke zwischen Alaska und Sibirien) den Kontinent besiedelt hatten, vom Delta des Mississippi weiter nach Osten vor. Klare, fischreiche Gewässer und wildreiche Wälder boten ihnen hier günstige Lebensbedingungen. Die Sesshaftigkeit war eine logische Konsequenz, die etwa vor 3000 Jahren erfolgte.

Weitere 2500 Jahre blieben den heute „Indianer" genannten Menschen, bevor die europäischen Eroberer kamen und die Kultur der Einheimischen weitgehend zerstörten. Es entwickelten sich verschiedene „Indianerstämme", die Timucua im Norden, die Apalachee im heutigen Panhandle und die Tequesta und Calusa im Süden, wobei Letztere auch die Keys besiedelten. Den Calusa wird ein recht kriegerisches Verhalten nachgesagt, sicherlich mit ein Grund für die recht unglückliche Geschichte der Besiedelung der Gegend durch Europäer.

Heute ist Miami die wohl bekannteste, schillerndste und lebenslustigste Stadt des Bundesstaates Florida. Und kaum jemand macht sich Gedanken darüber, wie es früher hier aussah bzw. wann „früher" eigentlich war. Über Jahrtausende gab es in den Sümpfen des südlichsten Bundesstaates der USA vor allem zahllose Pflanzen und Tiere und einige wenige Ureinwohner, die in kleinen Gruppen zusammenlebten.

1492 Christoph Columbus endeckt diesen Teil der Welt und gibt den Ureinwohnern den allgemeinen Namen „Indianer". Nur wenige Jahre später geht Juan Ponce de León, der ehemalige spanische Gouverneur Puerto Ricos, beim heutigen St. Augustine an Land und nimmt das Areal für die spanische Krone in Besitz. Da es gerade die Zeit des Osterfestes ist (im Spanischen: Pascua florida), nennt er dieses „neue" Land Florida.

1566 kommen spanische Eroberer unter Pedro Menéndez de Avilés an und beginnen, die Tequesta-Indianer in der Gegend des heutigen Miami zu christianisieren.

1567 erbaute Pedro Menéndez de Avilés eine Mission, die aber schon drei Jahre später wieder aufgegeben wird. Damit liegt die Entwicklung des südlichen Florida erst einmal auf Eis, denn die Erschließung des Nordens erscheint lohnender, u. a. wegen des besseren Klimas.

1743 gibt es einen weiteren Versuch der Spanier, in der Region Fuß zu fassen. Doch auch das Fort, das die neue Mission schützen soll, hat nur ein knappes Jahr Bestand. Krankheiten aus den Sümpfen, das feucht-heiße Klima und die Konflikte mit den Seminole-Indianern machen das Leben für Europäer nahezu unmöglich.

1763 tritt Spanien am Ende des Siebenjährigen Krieges das Gebiet nur allzu bereitwillig an England ab und erhält im Gegenzug dafür Kuba.

1776–1783 Im Unabhängigkeitskrieg steht Florida zu den Briten. Mit der Konstituierung der USA hat das britische Empire das Interesse an Florida verloren und richtet es auf die Bahamas, das seinerzeit zu Spanien gehört. Man tauscht wieder: Florida fällt ein zweites Mal an Spanien und bleibt einige Jahrzehnte im

Von den Anfängen bis zur Gegenwart

Besitz der spanischen Krone, bis man es 1821 für fünf Millionen Dollar an die USA verkauft.

1845 wird Florida zum 27. Bundesstaat der USA.

1855 versuchen Truppen unter Billy Bowlegs, die Seminolen zu besiegen und in den Westen der USA umzusiedeln. Beide Seiten erleiden schwere Verluste. 1858 werden alle Umsiedelungspläne aufgegeben.

1861–1865 Im Sezessionskrieg steht Florida auf Seiten der Südstaaten (Konföderation).

1880er-/1890er-Jahre Mit der Eisenbahn kommt der wirtschaftliche Aufschwung in Fahrt. 1884 erreicht die South Florida Railroad Tampa, 1890 fährt die Florida East Coast Railway nach St. Augustine. 1894 führt die Strecke nach West Palm Beach und 1896 dann nach Miami. Der Begründer dieser Eisenbahnlinie, Henry Morrison Flagler, ist seitdem untrennbar mit Miami verbunden.

1894/95 Im Frostwinter kommt es zu einem wahren Desaster. Die Ernte erfriert, nur die Gegend um Miami entgeht der Katastrophe. Hatte der Ort bis dato noch unter 400 Einwohner, bringt die Eisenbahn nun auch und vor allem Winterurlauber, die den Küstenort florieren lassen.

28. Juli 1896 Miami avancierte zur Stadt.

1915 beginnt Carl Fischer mit dem planmäßigen Aufbau von Miami Beach. Hinzukommen Pläne von George Merrick, der Coral Gables baut, und das Boca Raton des Städteplaners Addison Mizner. Miami hat etwa 350 Einwohner.

1920 Miami hat 20.000. Einwohner.

Mitte der 1920er-Jahre Die Stadt ist in ihren Grundzügen erbaut. Es folgt der Bau des großen Highways von Norden bis Miami, sodass Menschen und Güter noch einfacher und flexibler reisen können. Zahlreiche vermögende Amerikaner errichten Prachtbauten, die z. T. auch

heute noch existieren. Damit wird ein Bauboom ausgelöst. Gebäude und Gelände sind begehrt und werden immer teurer. Teilweise werden Fantasiesummen für riesige Baugelände gefordert und bezahlt, die sich bei genauerem Hinsehen als unbebaubarer Sumpf erweisen.

1925 Miami hat 200.000 Einwohner.

1926–1930 Die Immobilienblase platzt genau in dem Jahr, als ein verheerender Hurricane die Region heimsucht. Mehrere Hundert Tote und verwüstete Gebäude sind zu beklagen, doch an der Lebensfreude in Miami änderte sich kaum etwas. Der Erste Weltkrieg ist vorbei, die Soldaten sind heimgekehrt und wollen wieder arbeiten, aber auch das Leben genießen, und etliche Unternehmer haben am Krieg deutlich gewonnen. Tolle Gebäude entstehen und eine scheinbar nicht enden wollende Party an den Traumstränden führt zusammen mit

⌂ Das Cape Florida Lighthouse im Bill Baggs Cape Florida State Park **13**

einem ganzjährig milden bzw. warmen Klima zum Mythos Miami. Nicht einmal die Prohibition, jene Zeit, in der es über Jahre verboten war, Alkohol herzustellen oder zu konsumieren, kann hier die Lebenslust schmälern. Auch in Florida gilt das Verbot zwar, aber nur die wenigsten halten sich daran. Im Gegenteil, der Alkohol fließt in Strömen, sicherlich unterstützt von der Anwesenheit solcher „Gangstergrößen" wie Al Capone, die genau in diesem Metier ihr Geschäft betreiben.

1930 schlägt erneut das Schicksal zu, dieses Mal in Form der weltweiten Wirtschaftskrise. Viele Menschen erleben den Bankrott, an Urlaub wird nicht gedacht und doch haben etliche Amerikaner das richtige Gespür für die Zeit. Vor allem jüdische Unternehmer bauen im Bereich von Miami Beach (Ocean Drive und Collins Avenue) zahlreiche kleine und größere Hotels und Appartementgebäude, in denen Gäste zunächst preiswert urlauben können, später dann zunehmend ihren gesamten Lebensabend verbringen. So entsteht das malerische Art-déco-Viertel, für das Miami Beach weltweit bekannt ist.

1939 Der Beginn des Zweiten Weltkriegs verändert kaum etwas und auch der Eintritt der USA in den Krieg hat keine größeren Auswirkungen auf Miami.

1942 ist dann aber der Wendepunkt, denn am 21. Mai versenkt ein deutsches U-Boot einen Tanker vor der Küste Miamis. Der Krieg wird plötzlich real. Voller Bestürzung sorgt man sich um die langen, ungeschützten Strände und beginnt mit dem Aufbau einer großen Marinebasis. So wächst mit den Soldaten die Bevölkerung nochmals um einige Hunderttausend Menschen auf über 500.000.

1959 übernimmt Fidel Castro im nur 90 Meilen von Florida entfernten Kuba die Macht. Bei den Kubanern wächst die Angst vor Verstaatlichung und Enteignung. Wer kann, flieht ins benachbarte Florida. So kommen weit über 170.000 Kubaner nach Miami und setzen neue Akzente. Dies führt auch zu einer Internationalisierung der Stadt, denn mit den Kubanern werden auch Verbindungen in die Karibik und somit zu ganz Lateinamerika geknüpft bzw. gefestigt. Parallel verläuft das europäische Wirtschaftswunder, das jenseits des „großen Teichs" für zunehmenden Wohlstand und den Wunsch nach Lebensfreude sorgt. Genau diesen Traum bedient Florida: Ganzjährige Bademöglichkeiten, Disney und das sagenhafte Miami, in zahlreichen Filmen als malerisch, exotisch und erotisch dargestellt, werden zum Reiseziel.

1979–1998 1979 ereignet sich das „Dadeland-Mall-Massaker", bei dem in der beliebten Shoppingmall mehrere Menschen getötet werden. Die Presse berichtet von korrupter Polizei, aufrüstenden Normalbürgern (1981 wurden im County über 200.000 automatische Waffen verkauft) und Morden sowie anderen Gewalttaten. Als ob dies noch nicht reichen würde, kommt es auch noch zu beispiellosen Gewalttaten zwischen schwarzen Amerikanern und Einwanderern aus den Karibikstaaten.

Ab 1980 Die US-Serie „Miami Vice" wird zum Kult und Miami damit endgültig jedem bekannt. Stars kaufen sich hier Anwesen und Fans strömen hinterher. Mit dem allgemeinen Boom kommen auch immer mehr Touristen, auch aus Europa, die hier nicht nur die Sonne genießen wollen, sondern auch auf Shoppingtour gehen, zumal der Dollarwechselkurs immer günstiger wird. Doch der Massentourismus, gepaart mit dem Zahn der Zeit, der an den Gebäuden nagt, macht Miami für zahlungskräftige Kunden immer unattraktiver.

Ende der 1980er-Jahre wird Florida regelrecht gemieden, denn wer will schon dahin reisen, „wo das eigene Personal Urlaub macht"? Zudem wird die Region Miami in Europa als Hochburg der Kriminalität wahrgenommen, denn aus Kuba kommen auch Schwerkriminelle und der Drogenhandel nach Florida. Das berüchtigte kolumbianische Kartell aus Medellín steht zudem für zahlreiche Morde (an einem Wochenende allein 40 tote Dealer), die immer brutaler und zügelloser werden.

Anfang der 1990er-Jahre mehren sich Überfälle auf Touristen, da diese einerseits leicht an ihren Mietwagen erkennbar sind und zudem irrtümlich in Viertel geraten, die selbst von der Polizei gemieden werden. Solche Überfälle veranlassen später die Mietwagenagenturen, ihre Fahrzeuge nicht mehr mit Werbung kenntlich zu machen und jedem Mieter detaillierte Informationen zur Straßenbenutzung und dem Verhalten im Fall der Fälle zu geben. Dies ist auch heute noch der Fall, wenngleich die Situation für Touristen als entspannt bezeichnet werden kann.

Am 24. August 1992 erlebt die Region mit Hurricane Andrew den sogenannten *landfall* des bis dato schwersten Hurricanes in Südflorida, der 26 Menschen tötet, 250.000 obdachlos werden lässt und Schäden von über 25 Milliarden Dollar verursacht.

Mitte bis Ende der 1990er-Jahre entscheidet die Stadt, die Sicherheit der Bürger stärker in den Fokus zu rücken und verstärkt massiv die Polizeipräsenz, denn schließlich lebt der Sunshine State vom Tourismus. Unterstützt werden diese Bemühungen letztlich auch durch die Politik Bill Clintons (42. Präsident der USA von 1993–2001), die den Zuzug kubanischer Flüchtlinge verringert. Vor allem im Bereich des Drogenhandels wird verstärkt durchgegriffen. Ergebnis dieser Politik ist letztlich die angestrebte Sicherheit, die aber nur durch stete Poli-

zeipräsenz erhalten werden kann. Trotzdem belegt die Stadt im Ranking amerikanischer Städte nach wie vor Spitzenplätze, was die Kriminalität angeht. Doch die für Touristen interessanten Viertel sind sicher.

1997 wird Gianni Versace auf der Treppe vor seinem Haus in South Beach ermordet, was den Ruf Miamis nochmals erschüttert.

1999 wird John Ellis (Jeb) Bush Gouverneur von Florida, zwei Jahre später wählt Amerika seinen Bruder George W. Bush zum 43. Präsidenten der USA. Damit sind der Staat Florida und Miami noch mehr im Fokus der internationalen Gemeinschaft und sich zudem des politischen Unterstützung aus Washington sicher.

2001 wird Manuel Diaz, ein Amerikaner kubanischer Abstammung, Bürgermeister von Miami. Das Amt übernimmt er von Vorgängern, die wie er aus Kuba stammten. Die Einflussnahme aus Kuba und anderen Staaten Lateinamerikas sieht Diaz als so gravierend an, dass er den Satz prägt: „Wenn Venezuela oder Argentinien niesen, bekommt Miami eine Erkältung!" Diese Verflechtungen bricht er auf und kann so auch den Sumpf der Korruption trockenlegen. Diese Entwicklung wirkt sich auch positiv auf den Tourismus aus, denn mit der größeren Sicherheit zieht es auch wieder mehr zahlungskräftige Touristen an die herrlichen Strände.

2003 finden in Miami die Gespräche über eine amerikanische Freihandelszone statt, die ergebnislos abgebrochen werden.

2005 kommt es erneut zu schweren Verwüstungen durch gleich zwei Hurricanes: Am 25. August erreicht Katrina die Küste bei Aventura. Da die nationale Hurricane-Zentrale schon rechtzeitig vor dem Sturm gewarnt hat, kann Jeb Bush rechtzeitig den Notstand ausrufen und die Menschen aus den betroffenen Gebieten evakuieren. Aber die Natur gewährt der Stadt nur wenig Ruhe, denn am 24. Oktober erreicht Wilma die Küste Südfloridas. Nachdem „sie" als Hurricane der Kategorie 5 zuvor die Yucatán-Halbinsel mit Windgeschwindigkeiten von über 240 km/h verwüstet hat, schätzt man sich in Florida fast glücklich, hier nur noch Wind mit etwa 190 km/h zu erleben. Erneut können rechtzeitige Warnungen Menschenleben retten.

2007 wird South Beach zum besten Strand der Welt gekürt.

2008 Miami wird zur attraktivsten Stadt der USA gewählt, zudem gilt sie zugleich als sauberste Stadt der USA.

2009 Miami ist laut einer Umfrage die US-Stadt mit dem größten Sex-Appeal.

2012 Miami ist nunmehr seit fast 10 Jahren wieder hip und angesagt. Internationale Medien wählen sie zu einem der beliebtesten Urlaubs- und Business-Standorte.

Leben in der Stadt

Allein der Name Miami lässt viele Menschen sofort ins Schwärmen geraten. Dafür verantwortlich ist sicherlich die Film- und Fernsehindustrie, die durch Serien wie „Miami Vice" oder „CSI Miami" seit vielen Jahrzehnten das Image der Stadt beeinflusst und neben diversen Schattenseiten vor allem in herrlich bunten Bildern das exotische und quirlig bunte Leben besonders in South Beach in den Vordergrund rückt. Die Vielzahl bekannter Stars, die hier z. B. Platten aufnehmen, Filme machen, leben, auf jeden Fall aber ihr Leben öffentlichkeitswirksam zelebrieren, führt ebenfalls zu großer Bekanntheit. Denn mit den Stars kommen die Medien und die zeigen ebenfalls das bunte, süße Leben in der Stadt. Auch die Werbeindustrie ist bei der Imagepflege der Stadt nicht zu unterschätzen, denn Fotografen schießen ihre Bilder gern in South Beach. Kurz gesagt, man kennt zumindest Miamis bunte und hübsche Seiten, und das ist auch gut, denn davon hat die Stadt viel zu bieten.

Da Miami recht weit von Tallahassee, der Hauptstadt des Staates Florida, entfernt liegt, ist das Thema **Politik** nicht primär präsent, wenngleich die Stadt aber natürlich von politischen Fragen geprägt ist. Grundsätzlich kann man sagen, dass Florida wie andere Staaten im Süden der USA eher von den Demokraten geprägt war (der sogenannte *Solid South* – ursprünglich fochten die Vorgänger der heutigen Demokraten sogar für die Sklaverei). Doch seit den späten 1950er-Jahren lässt sich eine Veränderung feststellen, die wahrscheinlich aus einer als zu liberal geführten bzw. verstandenen Diskussion der Demokraten bezüglich der **Einwanderungspolitik** herrührt. Schon seit vielen Jahrzehnten ist Florida ein Einwanderungsstaat, die Menschen kommen z. B. von den karibischen Inseln, aus Lateinamerika und vor allem aus Kuba. Gerade Miami ist da eine der Hochburgen. Die vergleichsweise große Menge an Einwanderern brachte neben den vielen **kulturellen Einflüssen** (auf die Miami heute auch stolz ist) auch einige **Probleme** mit sich wie z. B. Drogenhandel und -konsum, Prostitution und viele andere Arten von Kriminalität. Diese führten zu einer Zunahme der Zustimmung für die republikanische Politik. Doch andererseits kommen und kamen auch immer mehr US-Amerikaner – vor allem aus den nördlichen Bundesstaaten – in den Staat, um hier im milden Klima ihren wohlverdienten Ru-

hestand zu genießen. So hielten sich demokratische wie republikanische Tendenzen stets die Waage und immer wieder wird gerade in Florida mit großem Eifer um die **Gunst der Wähler** geworben. Vor allem die Stimmen der **Latinos** sind hier von großer Bedeutung. So gewannen im Staat bei den letzten Präsidentschaftswahlen stets die Republikaner, wenngleich 2012 auch dadurch gekennzeichnet war, dass genau diese Partei eine problematische Haltung bezüglich der Duldung illegaler Einwanderer vertrat, was viele Latinos abschreckte. In Miami konnte Barack Obama 2007 weit über die Hälfte der Latinostimmen für sich gewinnen, doch dies ist eben nur ein Teil der Wähler. Zudem gibt es auch unter den Latinos eine große Gruppe reicher Menschen, die vornehmlich im Großraum Miami leben und eher republikanisch wählen. So kam es 2012 bei der Präsidentschaftswahl zu einem denkbar knappen Ergebnis: Der Demokrat Obama bekam 49,86 Prozent der Stimmen, sein republikanischer Herausforderer Romney 49,29 Prozent.

Miami, das ist ein schwer einschätzbarer „**Schmelztiegel der Nationen**", wie man es früher einmal New York nachsagte. Hier leben mehrere Millionen Menschen in über 30 Einzelgemeinden. Von ihnen sprechen über 50 Prozent statt Englisch lieber ihre **Muttersprache**: Spanisch. Wer jetzt meint, die übrigen sprächen Englisch, hat sich geirrt, denn zu dieser selbstverständlich weit verbreiteten Sprache kommen noch viele andere, z. B. Deutsch, Französisch, Niederländisch, Portugiesisch, Italienisch, Kreolisch, Russisch, Polnisch und Jiddisch.

Gerade dieser Mix verleiht der Stadt den besonderen Charme, der die Besucher der Metropole in Scharen anlockt (jährlich über 6 Millionen Menschen) und auch in puncto **Wetter** kann Miami viele Pluspunkte für sich verbuchen: Hier hat man nahezu 365 Tage im Jahr Sonnenschein, eine Durchschnittstagestemperatur

⌂ *Am Ocean Drive zeigt man gern, was man so hat*

von 23 °C und endlos lange Strände (über 24 Kilometer), sodass man das Wetter auch richtig genießen kann. Kein Wunder also, dass Miami auch in der internationalen Reisepresse immer wieder zu den Topzielen der Welt gewählt wird: Der Strand auf Key Biscayne ist z. B. unter den Top 10 in den USA.

Der **Miami International Airport** (MIA) ist mit über 34 Millionen Reisenden der drittgrößte Flughafen der USA, dazu kommt der **Seehafen**, der jährlich über 4 Millionen Passagiere abfertigt. In der Stadt übernehmen dann über 2000 **Taxis**, die **Eisenbahn**, der **Metromover** (eine elektrische, ferngesteuerte Bahn) und die **Metrorail** (eine Hochbahn mit 34 Kilometern Streckennetz). Aber Florida ist eben auch ein **Autofahrerstaat**, sodass es zudem eine schier unglaubliche Anzahl an regionalen, nationalen und internationalen Autovermietern gibt, die ihren Service anbieten. Und für die Auto fahrenden Bewohner Miamis (und das scheint nahezu jeder zu sein) gibt es eine gigantische **Infrastruktur**: vielspurige Highways, z. T. auf mehreren Ebenen über- und untereinander, riesige Parkplätze und ebenso große Parkboxen für den einzelnen Wagen, denn schließlich sind die in der Regel größer als viele europäische Fahrzeuge, perfekte Straßenüberwachung im Hinblick auf Staus (und die gibt es reichlich) und entsprechende Meldungen im Radio. Und wenn man in Miami unterwegs ist, müssen auch z. T. riesige Strecken zurückgelegt werden, denn schließlich erstreckt sich **Dade-County** (wie das Gesamtgebiet heißt) auf über 3100 Quadratkilometern mit einer Längenausdehnung von etwa 82 Kilometern und einer Breite von bis zu 38 Kilometern.

Miamis **Bevölkerung** besteht aus knapp 70 Prozent Weißen (von denen aber etwa 50 Prozent hispanischer Herkunft sind) und gut 20 Prozent Afro-Amerikanern. Die restlichen Prozente sind eine bunte Mischung von Menschen aus allen Teilen der Welt. Sie alle leben in ihren eigenen Vierteln, was eben auch das Stadtbild prägt, denn es ist schon ein deutlicher Unterschied, ob man im multikulturell-hippen South Beach, dem weitgehend luxusverwöhnten Downtown Business District, in Little Haiti mit seinem karibisch-kreolischen Bild, im kubanisch anmutenden Little Havanna, dem eher ärmlichen und vornehmlich von Afro-Amerikanern bewohnten Liberty City oder dann wieder dem mondänen Miami Beach unterwegs ist. Und dabei handelt es sich nur um das eigentliche Stadtgebiet. Dazu kommen noch die luxuriösen Areale wie Coral Gables, Coconut Grove oder Bal Harbour, das Urlaubsparadies Key Biscayne oder der eher schon kleinstädtisch-agrarische Raum um Homestead im Süden des Countys. Neben einer großen **Weltoffenheit** und dem Ausleben der eigenen Individualität zeigt sich in Miami also eine klare Trennung und Aufteilung in **ethnische Bereiche**, die auch oft durch unterschiedliche soziale Schichtung geprägt sind. So zeigt sich die Stadt im Bereich Downtown nobel-mondän mit glitzernden Hochhäusern, in South Beach mit frisch renovierten Art-déco-Fassaden, in Bal Harbour mit prunkvollen Villengegenden und in Liberty City mit eher einfachen bis ärmlichen Vierteln.

In **ökologischer Hinsicht** ist vor allem der **Individualverkehr** ein Problem, das man in Miami aber angeht. Neben Bus-, Metrorail- und Metromover-Linien gibt es zumindest für

Miami/South Beach die sogenannten **Deco Bikes.** Fahrräder, die man
gegen eine kleine Gebühr an vielen
Punkten am Automaten mieten kann
und sie an einem anderen Mietpunkt
wieder zurückgibt (s. S. 115). Die
großen Entfernungen im Stadtgebiet
erzeugen dennoch viel Verkehr und
das vor allem mit großen Fahrzeugen,
gerne auch SUVs. Wenn man genau
hinsieht, ist aber ein großer Motor gar
nicht so sehr das Problem, denn die
recht geringen Geschwindigkeiten,
die man mit eingestelltem Tempomat
auch gut lange halten kann, bedingen einen vergleichsweise niedrigen
Spritverbrauch. Die Einhaltung der
Speedlimits wird streng überwacht
und das auch auf den Wasserstraßen, denn hier versucht man *Manatees* (Seekühe) und Schildkröten zu
schützen. Ein echtes Problem stellt
dagegen der Gebrauch von **Kunst-
stoffprodukten** dar. In nahezu jedem Geschäft bekommt man kleins-
te Einkäufe in Plastiktüten verpackt,
der Trend zur wieder verwendbaren
Tragetasche, die man mittlerweile in
Supermärkten einzuführen versucht,
kommt nur schleppend voran. In Be-
kleidungsgeschäften werden zwar
überwiegend Papiertüten benutzt,
das aber eben auch in einem Über-
maß. Einweggeschirr, das leider auch
in vielen Motels zum Frühstück Ver-
wendung findet, ist im Land des Fast-
foods ebenfalls ein stetiger Aufreger
für im ökologischen Bewusstsein ge-
schulte Europäer. Aber manchmal
gibt es auch Lichtblicke, denn einige
Motels setzen auf Teller und Becher
aus Maisstärke, die nach dem Gebrauch kompostiert werden können.
Der **Tourismus** ist ohnehin eine wichtige Stütze der Stadt. Das wird schon
daran deutlich, dass es hier über 350
Hotels und Motels gibt, die mit über

031mi Abb.: ho

42.000 Zimmern die unterschiedlichsten Ansprüche der Gäste zufrie-
denzustellen versuchen.

Und der **typische Bewohner** der
Stadt? Den gibt es nicht, denn das
kann ebenso die im knappen Bikini
am Straßenrand von South Beach
lustwandelnde Schönheit sein wie
der rappende Afroamerikaner an
der Kreuzung, der im Maßanzug ein
Sandwich essende Geschäftsmann
oder die ältere Dame, die ihren lie-
bevoll zurechtgeputzten Schoßhund
Gassi führt, bzw. die kubanischen
Einwanderer in dritter Generation, die
vor einem Laden an der Calle Ocho
ein Schwätzchen halten. Bei allen Unterschieden sind sie aber alle (überwiegend) freundlich, hilfsbereit und
ausländischen Touristen zugetan.

△ *Leben mit der Natur:*
Boote müssen in flachen Küsten-
gewässern auf Seekühe achten

Auf den Spuren von Miami Vice

Am 6. Dezember 1986 wurde in der ARD der erste Teil einer neuen Serie ausgestrahlt, die schon kurze Zeit später Kultstatus erlangen sollte (in der USA lief die Serie bereits seit September 1984). Erlebte der Bundesbürger bis zum Abend noch Temperaturen um die 4 °C, kaum Sonnenschein und ein bisschen Regen mit wenig Aussicht auf baldige Besserung, flimmerten im Abendprogramm plötzlich knallbunte Farben über den TV-Bildschirm. Schnelle Autos flitzten über die malerischen Straßen von Miami, wohlgeformte junge Damen flanierten spärlich bekleidet den Strand oder die Einkaufsmeilen entlang. Schick angezogene Gangster und ebenso schicke Polizisten kämpften um Geld und Macht bzw. für die Sache des Gesetzes.

Bisher ungewohnte Schnitte und Kameraeinstellungen, vor allem aber die geniale **Filmmusik** sorgten bei den Zuschauern für ein Feeling, das alle Winterabende in Deutschland vergessen ließ und einen Kult um Miami kreierte. Ein bis dato nahezu unbekannter Komponist namens Jan Hammer entwarf die Titelmusik und das Miami Vice Theme wurde auf Anhieb populär. Der Titel kam auf Platz 1 in den US-Charts und das später komponierte Crockett's Theme konnte auch in Europa immerhin Platz 5 erreichen. Doch da gab es noch weitere Musiker, die ihre Songs beisteuerten und auch manchmal Gastrollen in Episoden übernahmen. Zu ihnen gehörten Phil Collins, Peter Gabriel, Aerosmith, Tina Turner, Bryan Ferry, Bon Jovi, Fleedwood Mac und die Dire Straits, um nur einige zu nennen. Ihre Songs durchzogen die Episoden und unterlegten die rasanten Verfolgungsjagden. Kritiker versuchten sogar, die Filme deshalb als Musikclips abzuwerten.

Doch das würde der Serie nicht gerecht, denn schließlich gab es auch **Handlung.** Da waren zunächst die beiden Undercovercops James „Sonny" Crockett (Don Johnson) und Ricardo Tubbs (Philip Michael Thomas), die versuchten, das organisierte Verbrechen in Miami zu bekämpfen. Zumeist ging es um Drogendelikte, Waffenhandel und damit zusammenhängenden Mord. Unterstützt wurden sie von ihrem Chef, Lieutenant Castillo (Edward James Olmos), und den Kollegen Gina Calabrese (Saundra Santiago), Trudy Joblin (Olivia Brown), Stan Switek (Michael Talbott) und Larry Zito (John Diehl). In manchen Folgen spielt die Vorgeschichte verschiedener Fahnder eine Rolle, so z. B. der lange Aufenthalt von Lt. Castillo in Südostasien oder die geschiedene Ehe von Crockett. Letzterer lebte in der Serie sehr spartanisch auf einem Segelboot im Hafen von Miami und hielt als „Haustier" den Alligator Elvis.

So spartanisch Crockett auch als Cop lebte, so elegant-luxuriös traten er und Tubbs als Undercoveragenten auf. Sie residierten in tollen Appartements oder Hotels, fuhren schnelle Sportwagen (gerne der Marke Ferrari) und trugen Luxusuhren von Ebel und Rolex sowie Designerkleidung von Armani und wurden damit zu Ikonen für den **Lebensstil** und die **Männermode** Ende der 1980er-Jahre. Weite, helle Sakkos mit T-Shirts, gerne mit Knopfleiste, aber ohne Kragen, pastellfarbene Bundfaltenhosen, Slipper ohne Socken und nicht zu vergessen die „Wayfarer" von Ray Ban, jene Kultsonnenbrille, die schon in den 1950er-Jahren durch J. F. Kennedy Erfolge feierte. Ihr „Spielfeld" war die exotische und sexy, manchmal auch düster und grausam dargestellte Kulisse von Miami. Vor allem der **Art Deco District** von Miami Beach war immer ein Hauptschauplatz. Hier passten die Farben der Garderobe perfekt zum Ambiente, hier gab man sich auch in den 1980er-Jahren schon sexy und hier waren auch luxuriöse Sportwagen an der Tagesordnung.

Zum Erfolg der Serie trugen aber auch zahlreiche **Gastauftritte** von Stars bei. Zu ihnen zählen neben den Musikern Leonard Cohen, Phil Collins, Ted Nugent und Frank Zappa auch Laurence Fishburne, Liam Neeson, Julia Roberts, Ben Stiller, Wesley Snipes und Bruce Willis sowie Melanie Griffith, die Don Johnson bereits 1976 geheiratet hatte, um sich im selben Jahr aber wieder scheiden zu lassen, und die er dann 1989 nochmals heiratete. Beim zweiten Versuch hielt die Ehe bis 1996.

So viel Prominenz und luxuriöse Ausstattung brachte nicht nur **Einschaltquoten**, sondern auch **Kritik**. Vor allem ging es darum, wie viel Product Placement sein darf und wie bzw. ob dies die Handlung beeinflusst, wenn es denn überhaupt eine Handlung gab. Doch störte das den Zuschauer? Wohl wenig, denn schließlich hatte die Serie über viele Jahre gute Quoten. In den 1990er-Jahren wurden Folgen von den Regionalprogrammen der ARD wiederholt, danach kamen die Privatsender, die z. T. aber nur mit mäßigem Erfolg. Auch 2012 wurden einzelne Episoden ausgestrahlt. 2006 gab es noch ein Kino-Remake, in dem Collin Farrel und Jamie Foxx die Hauptrollen spielten.

Doch auch hinter Miami Vice steckte ein wenig **Realität**, denn seit Mitte der 1970er-Jahre war Miami zu einer Drogenhochburg avanciert, genau gesagt zur **Hochburg des Kokains**. Diese Szene war zunächst vor allem durch den Namen **Griselda Blanco** geprägt, die seit 1979 in Miami lebte, nachdem sie über Kolumbien (aus Medellín stammend) zunächst nach New York einwanderte. Hier organisierte sie den Menschen- und Drogenhandel und machte sich vor allem durch ihre Grausamkeit und Brutalität einen Namen. Sie wurde „Ma Baker" oder „Schwarze Witwe" genannt. Mit immensen Geldmengen pflegte sie einen Lebensstil, der an Luxus kaum zu übertreffen war, im krassen Gegensatz zu ihren Grausamkeiten. So soll beispielsweise einer ihrer Killer seine Opfer stets kopfüber aufgehängt und ihnen dann die Kehle durchtrennt haben, um sie ausbluten zu lassen: Die auf diese Weise elastisch gehaltenen Leichen konnte man besser in Kartons „entsorgen". Neben verschiedenen Morden, die man ihr zur Last legte, war Griselda Blancos Name untrennbar mit dem Begriff **Cocaine Cowboys** verbunden, denn sie „erfand" diese spezielle Art Mörder, die sich dem Opfer auf einem Motorrad näherten und dann mit Maschinenpistolen aus der Fahrt heraus das Feuer eröffneten. Dazu passte auch die Geschichte, sie habe von einem Liebhaber eine diamantenbesetzte Mac-10-Maschinenpistole als Geschenk erhalten. Aus diesem Stoff ließen sich Filme stricken, vor allem, weil die Situation über Jahre andauerte und zu so berühmten Taten wie dem **Dadeland-Mall-Massaker** führte. 1979 ließ Blanco in dem Shoppingcenter einen Anschlag auf zwei Drogenhändler verüben. Sie wurden tagsüber erschossen, zusammen mit zwei Angestellten des Geschäfts, in dem sie gerade einkauften.

Vermutlich entwickelte sich dieser „Boom" der Drogenkriminalität vor allem wegen der Nähe zu Kuba (und damit zu Lateinamerika, dem Hauptlieferanten illegaler Drogen), aus dem immer wieder Menschen kamen, um hier im Exil zu leben. Allein 1980 wies Castro 125.000 Kubaner aus, darunter 5000 Schwerverbrecher, die alle nach Miami übersiedelten, genauer nach Liberty City. Zählte man Mitte der 1970er-Jahre noch etwa 100 Morde pro Jahr, wuchs diese Rate im Jahr 1980 auf nahezu 400. Miami hatte damit die **höchste Mordrate der USA** (heute steht sie an 3. Stelle bei den Gewaltverbrechen). Erst 1984 konnte Blanco, der bis dahin über 200 Morde angelastet wurden, in Kalifornien verhaftet werden, wurde aber nur zu 20 Jahren verurteilt, weil man infolge verschiedener Verfahrensfehler kein strengeres Urteil erwirken konnte. 2004 wurde sie abgeschoben, danach verlieren sich ihre Spuren. Am 3. September 2012 machte sie dann aber erneut Schlagzeilen: Vor einer Metzgerei in Medellín wurde Blanco ausgerechnet von zwei Männern auf einem Motorrad durch zwei Kopfschüsse getötet – also durch die Mordmethode, die sie „erfunden" haben soll.

Blanco soll sie es übrigens auch gewesen sein, die dem Anführer der berüchtigten **Medellín-Kartells**, Pablo Escobar, die Tür nach Miami öffnete und die Stadt damit unter die Herrschaft dieser kolumbianischen Drogenmafia brachte. Unter ihm gedieh der Drogenhandel, unterstützt durch den Rückhalt in Kolumbien, wo man Auftragsmörder angeblich für $ 10 anheuern konnte. Auch sie nutzten die Motorradtaktik, die Blanco kurz zuvor „erfunden" hatte. Letztlich endete diese Geschichte 1993 mit dem Tod Escobars und dem Zerfall seiner Organisation.

Und heute? Wie gesagt, Miami ist nach wie vor auf einem der Spitzenplätze der **Gewaltkriminalität** in den USA, aber eine Situation wie in den 1980er-Jahren ist lange gebannt. Und die Familie Blanco? Die „Schwarze Witwe" hatte vier Söhne, drei kamen bei Schießereien ums Leben und einer lebt noch heute in Miami und betreibt hier ein Musiklabel. So gibt es auch heute noch Anknüpfungspunkte an „Miami Vice", denn letztlich ist hier fast alles so geblieben – Miami ist hip und sexy, Luxus steht in hohem Kurs, ebenso wie tolle Körper und das Sehen und Gesehenwerden.

Miami entdecken

004mi Abb.: ho

Miami Beach/South Beach

Ein endlos erscheinender Sandstrand erstreckt sich am Ufer des Atlantiks, gesäumt von Palmen, luxuriösen Hotelanlagen und dem kleinen, aber feinen und quirligen South Beach. Hier befindet sich auch der bekannte Ocean Drive, jene Straße zwischen Strand und Bebauung, auf der ganztägig, abends aber besonders, das Schaulaufen und -fahren der Reichen und Schönen bzw. derjenigen, die dazu gehören möchten, stattfindet. Hier treffen sich auch die Berühmtheiten aus Mode-, Film-, Sport- und Kunstszene und hier werden Filme gedreht. Kurz: Hier tobt das Leben.

◁ *Vorseite: Der Freedom Tower (s. S. 25) in Downtown*

▽ *Das Bass Museum of Art besitzt einen schönen Park*

▷ *Die Teichanlage am Holocaust Memorial*

❶ Bass Museum of Art ★★ [F4]

1963 wurde das Museum mitten in South Beach von **John und Johanna Bass** gegründet. Die erfolgreichen Unternehmer und Kunstsammler stifteten damals ihre Sammlung alter Meister der Stadt Miami Beach, die das Museum in der ehemaligen Bücherei, die von außen mit ihren Mauern und Verzierungen an einen **Maya-Tempel** erinnert, unterbrachte. Heute zeigt das Haus eine bedeutende Sammlung an Werken europäischer Künstler des 15. Jahrhunderts, des Barock und der Renaissance sowie Textilien vom 7. bis 20. Jahrhundert, zeitgenössische Kunst aus Nord- und Südamerika sowie moderne Fotografie und Zeichnungen. Für Kinder gibt es zudem eine eigene Kunstschule.

❯ 2100 Collins Avenue, Miami Beach, Tel. 305-6737530, www.bassmuseum.org, Eintritt: $ 8, Kinder $ 6, geöffnet: Mi–So von 12-17 Uhr

033mi Abb.: ho

034mi Abb.: ho

❷ Holocaust Memorial ★★ [E5]

Da sich in Miami schon seit vielen Jahrzehnten eine große jüdische Gemeinde etabliert hat, ist hier auch ein Denkmal für die über sechs Millionen unter dem Naziregime ermordeten Menschen jüdischen Glaubens entstanden. Das Denkmal des **Bildhauers Kenneth Treister** bedient sich allerlei symbolischer Elemente, angefangen mit der Adresse „1933–1945 Meridian Ave.", die an den Zweiten Weltkrieg erinnert. Die 13 Meter hohe Statue „Sculputure of Love and Anguish" zeigt eine riesige geöffnete Hand, die gen Himmel ragt und deren Unterarm aus Einzelpersonen und Familien geformt ist. Dem Unterarm fehlt auch nicht die Häftlingsnummer, mit der man seinerzeit die Insassen der Konzentrationslager tätowierte.

Seit das Denkmal am 4. Februar 1990 eröffnet wurde, führt eine Granitwand zu der Skulptur. Auf ihr erfährt man vieles über die Gräueltaten an Juden und kann die Namen Getöteter nachlesen (ähnlich der Vietnam-Gedenkstätte in Washington).

❯ 1933–1945 Meridian Avenue, Miami Beach, Tel. 305–5381663, www.holocaustmmb.org, geöffnet: tgl. von 9–21 Uhr, Eintritt: frei

❸ Jewish Museum of Florida ★★ [F8]

1995 konnte die jüdische Gemeinde Miamis endlich ihr eigenes Museum eröffnen. Das Gebäude, das 1936 von Henry Hohauser im **Art-déco-Stil** erbaut wurde, ersetzte zunächst die ursprüngliche Synagoge (von 1928/29, nur wenige Meter entfernt in der 311 Washington Street) und wurde zwischen 1993 und 1995 zum Museum umgebaut. Auch das 2007 dazu genommene zweite Gebäude unmittelbar nebenan, das mittlerweile mit dem ersten Bau durch ein komplett verglastes Bistro verbunden ist, diente früher religiösen Zwecken.

Neben der sehenswerten Architektur gibt es auch zahlreiche eindrucksvolle Exponate, die dem Besucher die **jüdische Kultur Floridas** der letzten 250 Jahre nahebringen. Zugleich ist das Museum ein Treffpunkt für Menschen unterschiedlicher Kulturen, die das Judentum verstehen möchten, sowie für Juden aller Altersgruppen, die hier ihre Wurzeln suchen und finden können. Dabei hilft vor allem die Dauerausstellung **MOSAIC**, die zwischen 1990 und 1994 in den größeren Städten des Staates gezeigt wurde, mittlerweile aber hier fest installiert wurde. Tausende von Fotos,

offizielle Schriften und z. T. Nieder-
schriften mündlicher Überlieferun-
gen kann man hier einsehen und damit die Geschichte der Glaubensge-
meinschaft seit 1763 erfahren.

Eindrucksvoll ist auch schon der
Ort, an dem sich das Museum befindet: Es steht zwei Blöcke südlich der
5th Street, denn als Juden erstmals
nach Florida kamen, durften sie sich
ausschließlich südlich dieser Straße
ansiedeln.

❯ 301 Washington Ave, Tel. 305–
6725044, www.jewishmuseum.com,
geöffnet: Di–So 10–17 Uhr, geschl.: an
öffentlichen und jüdischen Feiertagen,
Eintritt: $ 6, Kinder $ 5

❹ Miami Beach Botanical Garden ★★ [E5]

Als eine grüne Oase inmitten der Hek-
tik von Miami Beach präsentiert sich
der **Botanische Garten** auf gut 4000
Quadratmetern Fläche. Spazierwege
führen über sehr gepflegte Rasenflächen, vorbei an Bromelien-Arealen,
blühenden tropischen Bäumen, einem Heliconien-Garten, einem Ban-
yan-Areal, einem Palmengarten, einem Bauerngarten und nicht zuletzt
einem Orchideen- und einem japani-
schen Garten. Überall findet man zudem Wasser und Springbrunnen und
natürlich allerlei **exotische Tierarten**,
die hier wild leben. Im **Schmetter-
lingsbereich** werden zudem speziell
Pflanzen gezogen, deren Blüten diese filigranen Insekten anlocken.

❯ 2000 Convention Center Drive, Tel.
305–6737256, www.mbgarden.org,
geöffnet: Di–So 9–17 Uhr, Eintritt: frei

▷ *Auch zwischen den Hochhäusern
Downtowns gibt es Wasserstraßen
mit Zugbrücken*

Downtown

Hier pulsiert ebenfalls das Leben,
aber auf andere Art, denn hier werden Geschäfte gemacht, Finanztrans-
aktionen geplant und abgewickelt –
hier befindet sich das **Business-Zent-
rum** der Stadt. Zugleich ist Downtown
aber auch der **Ort, an dem Miami
1896 entstand,** denn hierher baute
Henry Flagler seine Eisenbahn, nachdem Julia Tuttle (gerne auch als „Mut-
ter Miamis" bezeichnet) ihn dazu
überredet hatte. Erst damit bekam
der Süden Floridas die Infrastruktur,
die er brauchte, um wachsen zu können, und dadurch gelangte die Region zum Wohlstand.

036mi Abb.: ho

DRAW
BRIDGE
AHEAD

❺ HistoryMiami ★★ [B8]

Die **Geschichte Miamis und seiner Bewohner** lebt in den Hunderten von Ausstellungsstücken, Bildern, Plakaten und Fotografien, die man hier in Dauer- und Wanderausstellungen besichtigen kann. Ob Luftfahrt, Natur oder Strände – all diesen Themen zollen die Ausstellungen Tribut. Aber auch die Menschen, die das tägliche Leben Miamis prägten und prägen, wie die indianischen Ureinwohner, die Einwanderer aus der Karibik oder die Amerikaner, sind Teil der Ausstellungen. Dabei orientiert man sich vielfach auch an ihrer **Folklore** und ihrer **Musik** aber auch typischen

Julia Tuttle – die „Mutter Miamis"

Am 22. Januar 1867 heiratete *Julia DeForest Sturtevant (1849-1898)* den Industriellen Frederik Leonard Tuttle. Zunächst lebten sie in Ohio, doch 1875 reisten sie erstmals nach Südflorida, um eine Orangenplantage zu begutachten, die Julias Familie gehörte. Als Frederik Tuttle 1886 starb, führte seine Frau sein Unternehmen weiter, verkaufte es aber einige Jahre später. Durch den Tod ihres Vaters war sie nun im Besitz der Ländereien in Florida, wo sie sich 1891 niederließ. Sie kaufte weitere Agrarflächen an, vor allem am Nordufer des Miami River, restaurierte das sich dort befindende Fort und machte es zu ihrem Wohnhaus.

Durch ihre Geschäftskontakte kannte sie auch den Eisenbahnmagnaten **Henry Flagler**. Sie versuchte, ihn mit Briefen und persönlichen Besuchen davon zu überzeugen, seine Eisenbahn auch im Süden Floridas zu bauen. Flagler sah aber keine Veranlassung dazu, denn allein schon die Sümpfe Südfloridas stellten enorme Behinderungen für den Eisenbahnbau dar. Doch dann kam die Natur Julia Tuttle zu Hilfe, denn im Winter 1894/95 vernichtete der starke Frost fast die gesamte Orangenernte in Nord- und Zentralflorida. Ein wirtschaftliches Desaster, da mithilfe der Eisenbahn von dort aus Zitrusfrüchte in andere Staaten der USA transportiert wurden. Der „Sonnenstaat" verlor sein gutes Image und Wirtschaftsbosse, darunter eben auch der Eisenbahner Flagler, das Interesse an dem Staat im Süden der USA. Tuttle handelte: Angeblich schickte sie Flagler umgehend frische Orangenblüten (andere Quellen sagen: Blumen), was diesen überraschte, denn in seiner Vorstellung war ganz Florida vom Frost überzogen. Er reiste sofort in den Süden, wo er von der unglaublichen Farbenpracht der tropischen Vegetation fasziniert war. Flagler erkannte nun, dass auch in Florida klimatische Unterschiede herrschen und der Süden sehr viel sonnenverwöhnter ist als der Norden. Schnell war man sich über den Nutzen des Baus einer Eisenbahnlinie bis in den Süden Floridas einig, denn das auch im Winter milde Klima ließ die Eisenbahn zu einem lukrativen Transportmittel für Orangen und Pflanzen (nach Norden) und sonnenhungrige Urlauber (aus dem Norden) werden. Flagler bekam Land für den Bau eines Bahnhofs und eines Hotels zum Nulltarif und schon gut ein Jahr später erreicht die Eisenbahn den Miami River.

Kleidungsstücken (wie das Guaya-bera-Hemd, die klassische Kleidung des Mannes aus Lateinamerika). Auch den **berühmten Persönlichkeiten** kann man hier in Bild und Ton begegnen, so z. B. Jacqueline Kennedy, deren Lebensstil Miami prägte – oder war es umgekehrt? Wer zudem zumindest einen Teil dieses Stils imitieren möchte, kann ausgewählte Accessoires sogar als Replik im Museumsshop erwerben.

❯ 101 West Flagler Street, Downtown Miami, Tel. 305–3751492, www. historymiami.org, Metromover: Government Center Station, geöffnet: Di–Fr von 10–17 Uhr, Sa, So von 12–17 Uhr, geschl.: an Feiertagen, Eintritt: $ 8, Kinder $ 5

❻ Jungle Island ★★★ [fl]

Eigentlich ist Jungle Island nur ein Zoo, aber dann auch wieder ein ganz besonderer, denn schließlich befindet er sich auf einer eigenen Insel mitten im Port of Miami. Auf der kleinen, maximal nur drei Meter über dem Meeresspiegel „aufragenden" Insel hat die Tiershow lange Tradition, denn schon 1936 eröffnete hier der Parrot Jungle & Gardens.

Mit viel Mulch, Humus und tonnenweise anderem Material hat man seit 2003 den ehemaligen Papageienpark zu einem **tropischen Dschungel** umgebaut, in dem nun mittlerweile Tiger, Leoparden, Schlangen, Krokodile (vor allem der amerikanische Alligator, auch als Albino), Kängurus sowie zahlreiche Vogelarten in sehr naturnahen Gehegen vorgestellt werden. Neben allgemein informierenden Tafeln an den Gehegen kann man außerdem (nach Voranmeldung) an **geführten Touren** über das Gelände teilnehmen und erfährt so allerlei Wissenswertes aus „erster Hand".

❯ 1111 Parrot Jungle Trail, Tel. 305–4007000, www.jungleisland.com, geöffnet: tgl. 10–18 Uhr, Eintritt: $ 32,95, Kinder $ 24,95

Wynwood, Design District und MiMo District

Miami, das ist mittlerweile auch ein Mekka der Kunstfreunde. Wer Inspirationen bezüglich Innenarchitektur oder Möbeldesign sucht, findet sie nördlich von Downtown im sogenannten **Design District**. Selbstverständlich gehören hierher auch Chillout-Klubs und Bars, die entweder allabendlich das kunstinteressierte Volk anziehen oder vor allem bei großen Events, die in den Einrichtungshäusern oder Galerien stattfinden, zum Besuch locken.

Unmittelbar benachbart ist der sogenannte **Wynwood Arts District**, in dem Galerien von Weltruhm ihre Ausstellungsräume haben und wo junge Künstler auch „open air" ihre Fähigkeiten zeigen. Ebenfalls benachbart ist der **MiMo District**, jener Bereich von Downtown am Biscayne Boulevard zwischen 55th und 70th Street, der dem Thema „Miami Modern" zuzuordnen ist. Der von der Zukunft inspirierte Stil der 1950er-Jahre ist hier ebenso ausgeprägt wie das frische, satte Grün von Parkanlagen. Während in weiten Teilen der Welt vor allem Zweckbauten aus den Trümmern des Krieges entstanden, wollte man hier andere Akzente setzen und neben Glamouraspekten auch architektonische Anleihen aus dem Minimalismus verwirklichen.

Little Havanna

Ist man überhaupt noch in Miami bzw. in den USA? So könnte die Frage lauten, wenn man urplötzlich in diesem Viertel **rund um die Calle Ocho** aus dem Schlaf erwachen würde. Niemand spricht von der 8th Street, wie sie eigentlich heißt, denn hier spricht man Spanisch und da heißt „Calle" nun einmal „Straße" und „Ocho" ist „Acht". Geht man einen Kaffee trinken, bekommt man z. B. Café con Leche, den kubanischen Milchkaffee, oder Café Cubano, den süßen Espresso. Hier rauchen Männer in Guayaberas (den typischen Baumwollhemden, s. S. 31) ihre Zigarren, spielen Domino und besprechen die aktuellen Dinge des Tages, während aus den Bars und Klubs Salsa-Rhythmen tönen.

Little Haiti

Was in Little Havanna die Einwanderer aus Kuba sind, sind hier Menschen von den **Karibikinseln**, allen voran haitianische Musiker, Künstler und ganz normale Menschen. Sie prägen das Viertel nördlich des Design District nachhaltig mit ihrer Musik, kreolischem Flair, das sich auch in der Sprache deutlich macht, sowie in den Farben der Karibik. Bestes Beispiel ist der **Caribbean Marketplace** (s. S. 26), der ein detailgetreues Abbild des Originals in Port-au-Prince ist.

Coconut Grove

Im tropischen Grün südlich Downtowns fühlten sich in den 1960er- und 1970er-Jahren die sogenannten **Hippies** wohl. Sie prägten einen Stil aus Kunst, Romantik und Natur, der bis heute erhalten geblieben ist. Rotblühende Flamboyant-Bäume und Banyan-Bäume mit einem gigantischen Geflecht an Luftwurzeln bilden den unübersehbaren Rahmen tropischer Gewächse, während Gebäude wie z. B. das Vizcaya Museum hier manchmal noch aus dem Holz ehemals gestrandeter Schiffe oder aus Korallen erbaut wurden.

Shoppen wie die Stars

Nur gucken, nicht anfassen!? So lautet der Wahlspruch bei En Avance zwar nicht, für manche Reisekasse dürfte es aber trotzdem gelten. Andererseits macht es auch Spaß, einfach wie die Reichen in den Kollektionen angesagter Modelabel zu schnuppern und das eine oder andere Teil anzuprobieren.

🔒 **104** [B2] **En Avance,** 161 NE 40th Street, Design District/Downtown, www.enavance.net

Fast wie auf Kuba: Fußgänger mit Guayabera-Hemden (s. S. 31)

❼ Vizcaya Museum & Garden ★★★ [en]

Einzelne Amerikaner haben es immer wieder geschafft, einen enormen Wohlstand zu erlangen und in diesem Museum kann man das Land von seiner dekadenten Seite erleben. Was hier im Stil der italienischen Renaissance erschaffen wurde, sucht seinesgleichen.

1916 erbaute der Industrielle **James Deering** hier in Miami ein Winterdomizil, um in den kalten Monaten dem Norden der USA zu entfliehen. Er hatte ein Faible für den Baustil der Adeligen Europas und so ließ er von eigens angeheuerten Handwerkern aus Europa, den USA und der Karibik einen **Palast** errichten, der seinesgleichen sucht. Das Haupthaus mit 34 Zimmern sollte den Eindruck erwecken, schon seit Jahrhunderten Residenz der Familie zu sein, und spielt somit mit den unterschiedlichsten Stilen, was einen überladenen, den Besucher fast erschlagenden Eindruck hinterlässt. Hinzu kommt ein herrschaftlich angelegter **subtropischer Garten** mit Statuen, Putten, Brunnen, Wasserspielen und einem Orchideengewächshaus. Selbstverständlich fehlen auch nicht aufwendig gestaltete Bootsanleger.

❯ 3251 South Miami Avenue, Tel. 3052509133, www.vizcayamuseum. org, geöffnet: tgl. von 9.30–16.30 Uhr, geschl.: Di, an Thanksgiving und zu Weihnachten, Eintritt: $ 15

▢ *Prächtig anzuschauen: die Fassade des Biltmore Hotel*

▢ *In der Pflanzenwelt der Fairchild Tropical Botanic Gardens* ❿ *findet sich auch dieser Bewohner wohl*

Coral Gables

Teuer, luxuriös, attraktiv, so kann man das Viertel bezeichnen, das in den 1920er-Jahren von **George Merrick** entworfen wurde. Riesige Eingangstore überspannen die Zufahrtstraßen auch heute noch und geben dem Besucher den Weg in ein mediterran-spanisch anmutendes **Paradies für Reiche** frei, in dem die hübschen Villen an Wasserstraßen liegen, auf denen teuere Jachten vertäut sind oder schnell übers Wasser gleiten. Hier lebte einst auch Al Capone, genauer gesagt im Biltmore Hotel ❽,

Sandbar and Grill

Möchte man im vornehmen Coconut Grove mal ein wenig ausspannen und eine Kleinigkeit essen, ohne gleich die Urlaubskasse zu sehr zu belasten, gibt es in dieser Sportsbar leckere Drinks und Southern-Californian-Gerichte.

❼105 [dn] Sandbar and Grill, 3064 Grand Avenue, Coconut Grove, Tel. 305–4445270, www.sandbargrove.com

Idylle an der Biscayne Bay

Hat man vom Trubel in South Beach oder anderen Stadtteilen einmal genug, kann man im **Matheson Hammock County Park** so richtig die Seele baumeln lassen. Von Coral Gables aus geht es über die Old Cutler Road bis zur Matheson Park Road und dann weiter bis zum Meer. Palmen am **Strand** und eine kleine Bucht mit klarem Wasser und herrlichem Blick über Miami. Und das alles hat man fast für sich allein!

★106 [do] Matheson Hammock County Park

038mi Abb.: fotolia.com©Brandon Sheffer

das zu den besten und teuersten Unterkünften der Stadt gehört. Heute urlauben oder residieren hier Staatschefs und Stars und genießen die Annehmlichkeiten des größten Pools des Landes.

❽ Biltmore Hotel ★★★ [cn]

Als großartiges Wahrzeichen der Architektur erhebt sich das ehrwürdige Hotel über den grünen Rasenflächen von Coral Gables. Hier spürt man noch heute den Esprit vergangener Tage, aber nicht museal, sondern mit immerwährender Pracht.

In den luxusverwöhnten 1920er-Jahren des letzten Jahrhunderts baute man das pompöse Biltmore Hotel, das u. a. deshalb zu Ruhm kam, da hier Gangstergrößen wie **Al Capone** verkehrten. Heute residiert hier, wer es sich leisten kann, gut $ 430/Nacht auszugeben. Wer das nicht kann oder möchte, kann das Hotel mit seinem Giralda-Turm, der dem imposanten Minarett im spanischen Sevilla nach-

empfunden wurde, aber trotzdem im Lobby- und Poolbereich besichtigen.
> 1200 Anastasia Avenue,
Coral Gables, Tel. 305–4451926,
www.biltmorehotel.com

❾ Venetian Pool ★★★ [dm]

Bezaubernd kann man das Bild des riesigen Pools wohl am ehesten nennen, denn die tropische Vegetation und der einfallsreiche Baustil geben diesem öffentlichen Schwimmbad ein ganz eigenes und irgendwie auch luxuriöses Ambiente.

Blauer Himmel und ein Bad im türkisblauen Wasser des riesigen Pools – das ist ein Erlebnis der Extraklasse! In den 1920er-Jahren legte man in einem ehemaligen Steinbruch diesen großen **Swimmingpool an,** der heute als größter Pool Floridas gilt. Wasserfälle, Grotten, Brücken und eine herrliche Gartenlandschaft zaubern ein mediterranes Feeling.
> 2701 DeSoto Boulevard, Coral Gables, Tel. 305–4605306, www. gablesrecreation.com, geöffnet: Febr.– März Di–So 10–16.30 Uhr, April–Okt. Di–Fr 11–17.30 Uhr, Sa, So 10–16.30 Uhr, Nov. Di–So 10–16.30 Uhr, Eintritt: Erwachsene $ 11,50, Kinder $ 6,60 (Kinder müssen min. 3 Jahre alt sein)

063mi Abb.: ho

❿ **Fairchild Tropical Botanic Gardens** ★★ [do]

Dieser botanische Garten ist ein Dorado für Botaniker und andere Pflanzenliebhaber. Hier findet man eine reiche Auswahl an **tropischen und subtropischen Gewächsen** und die größte Ausstellung von **Palmen** und **Cycas-Palmfarnen** weltweit. Geführte Touren informieren über die Vielfalt der Pflanzenwelt.

❯ 10901 Old Cutler Road, Coral Gables, Tel. 305–6671651, www. fairchildgarden.org, geöffnet: tgl. 7.30–16.30 Uhr, geschl.: 25.12., Eintritt: Erwachsene $ 25, Kinder $ 12

Key Biscayne

Herrliche Sandstrände, türkisblaues Wasser, traumhafte Naturlandschaften, gepflegte Wohnanlagen und Luxusshops, das alles sind Symbole der kleinen **Insel vor Downtown Miami.** 1947 erbaute man den Rickenbacker Causeway, der seitdem das Festland zunächst mit Virginia Key und anschließend mit Key Biscayne verbindet.

Letzteres hat eine Fläche von etwa 3,6 Quadratkilometer. Auf dieser Fläche befinden sich u. a. der **Crandon Park** ⓬, das **Miami Seaquarium** ⓫ und das Cape Florida Lighthouse im **Bill Baggs Cape Florida State Park** ⓭. An den herrlichen **Stränden** kann man sich nicht nur sonnen, schwimmen und schnorcheln, sondern auch mit Glasbodenbooten (nahezu) vollkommen trocken die Unterwasserwelt des küstennahen Atlantiks betrachten, auf Radwegen die Insel erkunden, Mangrovevegetation erleben, picknicken, wandern oder einfach nur in Ruhe einkaufen.

Miami-Dade Parks Eco-Adventures

Florida bietet neben dem herrlichen Wetter, tollen Stränden, warmen Meerwasser und irren Shoppingmöglichkeiten auch ganz viel **Natur.** Selbst in der Umgebung von Miami kann man Teile davon problemlos auf eigene Faust erleben, angefangen von den **exotischen Pflanzen,** denen man auf Schritt und Tritt begegnet, bis zu den **Echsen,** meist Anolis-Leguanen, die zwischen Kopf und Brust ein rotgefärbtes Kehlschild aufstellen können und deshalb auch Rotkehl-Anolis heißen. Will man mehr Natur erleben, kann man dies ebenfalls auf eigene Faust, z. B. in den State Parks, oder man bucht geführte Touren über das **Eco-Adventures-Programm** der staatlichen Parkbehörde. Bei diesen Touren, die mit Rädern, zu Fuß (manchmal auch watend), mit dem Kanu oder Kajak und auch mit Maske und Schnorchel in die unterschiedlichsten Lebensräume Floridas führen, gibt es jeweils eine sachkundige, allerdings englischsprachige Leitung, die alles mit vielen Informationen und manchmal auch netten Anekdoten erläutert. Ob es sich nun um eine Everglades-Tour auf den Spuren von Reptilien, eine Schildkrötentour, eine Tour ins Korallenriff oder eine Vogelbeobachtung handelt, der Naturfreund wird in jedem Fall profitieren.

●**107** [fo] **Miami-Dade Parks Eco-Adventures,** 4000 Crandon Blvd., Key Biscayne, FL 33149, Tel. 305–3653018, www.miamidade.gov/parks

039mi Abb.: ho

⑪ Miami Seaquarium ★★★ [fn]

Wer in seiner Jugend die Fernsehserie „Flipper" gesehen hat, kann sich jetzt noch einmal tief in die Kindheit zurückversetzen lassen, denn hier wurden zahlreiche Szenen der Filme gedreht und auch der „Hauptdarsteller" stammte von hier. Wer die Serie verpasst hat, kann nun den intelligenten Meeressäugern gleich hautnah begegnen.

Am 24. September 1955 öffnete der Vergnügungspark in Florida seine Pforten, nachdem der Vorstandsvorsitzende T.D. MacVicar einen Seven-Seas-Cocktail in das Delfinbecken geschüttet hatte, was als Symbol für den Tribut des Parks an die sieben Weltmeere gedacht war. Einige Tausend Schaulustige sollen damals dabei gewesen sein, doch ging es denen wohl weniger um die Symbolik als vielmehr um die **erste Delfinshow Südfloridas**. Medienwirksam war auch die Geburt von Bebe, dem ersten Bottlenose-Delfin, der hier im Park geboren wurde. Ihm folgten unzählige weitere und heute stammen ca. 80% der Delfine aus Nachzuchten des Aquariums. Doch zurück zu Bebe, denn wer schon bei seiner Geburt einen zweiseitigen Artikel im Life Magazine bekommt, der muss ein Star werden. So auch dieser Delfin, der es in seinen 40 Lebensjahren zu großem Ruhm brachte. Spielerisch lernte das Tier allerlei Kunststücke, u. a. den 7-Meter-Abschlusssprung der Delfinshow, und wurde dadurch bekannt. Es folgten Auftritte in Fernsehshows und rasch wurde auch die Filmindustrie aufmerksam. So wurde aus Bebe der Fernsehstar **„Flipper"**, der zwischen 1963 und 1967 in 88 Folgen und zwei Kinofilmen rund um

040mi Abb.: ho

die Welt Groß und Klein begeisterte. Heute leben noch zwei Söhne Bebes im Seaquarium.

Doch damit nicht genug, denn der Park hat sich nicht nur diesen Meeressäugern verschrieben, sondern möchte den Besuchern auch andere Meerestiere nahebringen. Dazu gehören die **manatees** (Seekühe), die man in einem großen Gehege beobachten kann. Sie stehen ebenso auf der Liste der zu schützenden Tiere wie die Delfine. Beide werden nicht nur gezeigt, sondern es gibt auch Erhaltungszucht- und Schutzprogramme für sie. Verletzt gefundene Tiere

⌃ *Eine Seelöwenshow im Seaquarium*

erhalten medizinische Versorgung und spätere Rehabilitation, genauso wie die **Meeresschildkröten,** zu deren Schutz das Seaquarium anregt. Tolle Shows zeigen auch die **Seelöwen, Orcas** und **Schwertwale,** während man in den tropischen **Aquarien** über die bunte Unterwasserwelt der Meere staunen kann.

Grusel bereitet der **Haikanal,** in dem man die riesigen Jäger der Meere fast hautnah erlebt. Nervenkitzel gibt es aber nicht nur unter Wasser, die Lagune mit dem Florida Habitat zeigt nämlich neben vielen **heimischen Vogelarten** vor allem auch den **Amerikanischen Alligator** in seiner ganzen Pracht. Doch diese zweieinhalb bis vier Meter langen Tiere sind nichts gegen die **Nilkrokodile,** die man in den Crocodile Flats beobachten kann. Bis zu fünf Meter lang und 500 Kilogramm schwer werden diese „Dinos", die eigentlich nur träge in der Sonne liegen, bis sie Futter bekommen, dann aber plötzlich rasend schnell ihre mächtigen Kiefer in die Fleischbrocken schlagen.

Wer das Seaquarium besucht, muss sich Zeit lassen. Man sollte mindestens vier Stunden einplanen, denn schließlich sehen 600.000 Besucher jährlich die Attraktionen, d. h. ca. 1700 pro Tag. Man muss also auch mal vor den regelmäßigen Shows warten und man braucht auch Zeit, um die Becken genau zu erkunden.

❯ 4400 Rickenbacker Causeway, Key Biscayne, Tel. 305–3652501, www.miami seaquarium.com, geöffnet: tgl. 9.30–18 Uhr, Eintritt: $ 39,95, Kinder $ 29,95

▷ *In diesem Haus wohnte einst der Leuchtturmwärter des Cape Florida Lighthouse (s. S. 82)*

⑫ **Crandon Park** ★ [gn]

Auf Key Biscayne gibt es viele **Sandstrände,** wenn man aber auch die entsprechende Infrastruktur will, dann ist Crandon Park, unmittelbar am Beginn der Insel, die richtige Wahl. Zum abgesperrten Park gehört auch ein „Amusement Center", eine Art ganzjährig geöffnete Kirmes mit Karussell, Strecke für Inlineskater, Springbrunnen und Spielplätzen. Für die Großen gibt es zudem einen Golfund einen Tennisplatz.

❯ 4000 Crandon Blvd, Key Biscayne, Tel. 305–3615421, www.miamidade.gov/parks, Eintritt: $ 5/Fahrzeug Mo–Fr, $ 6/Fahrzeug Sa, So und an Feiertagen, geöffnet: tgl. 8-Sonnenuntergang

⑬ **Bill Baggs Cape Florida State Park** ★★★ [fp]

Nur etwa 15 Minuten von Miami Downtown entfernt, zeigt sich in diesem Nationalpark eine Welt, die so ganz anders ist als die der Hochhäuser, die man jenseits der Bucht von verschiedenen Punkten aus sehen kann. Hier gibt es noch ein Gefühl für das echte Florida, wie es eventuell ausgesehen hat, als Juan Ponce de León 1513 hier als erster Europäer an Land ging.

Zu Ehren des gerade gefeierten Osterfestes, das in Spanien auch als Blumenfest (Pascua florida) bekannt ist, soll Ponce de León das neu entdeckte und blühende Stück Land als **„La Florida"** (die Blühende) bezeichnet und damit den Namen des heutigen Bundesstaates der USA geprägt haben. Auch heute blühen hier wieder Pflanzen, in jedem Fall sprießt es allenthalben grün. Das war nicht immer so, denn 1992 verwüstete **Hurricane Andrew** genau in dieser Gegend

041mi Abb.: ho

weite Landstriche und verschonte dabei auch nicht Cape Florida. Doch was sich dramatisch anhört, war tatsächlich ein Glücksfall für die Natur. Über lange Zeit hatten sich eingeschleppte australische Kiefern verbreitet und mit ihrem raschen Wachstum und den Boden versäuernden Nadeln die einheimische Vegetation und damit letztlich auch die Tierwelt verdrängt. Doch was nicht heimisch ist, hat bei Naturkatastrophen oft das Nachsehen. Andrew hinterließ quasi eine natürliche Rodung und eine gute Grundlage für die Landschaftsplaner des Bill Baggs Cape Florida State Park (benannt nach William „Bill" Calhoun Baggs, dem ehemaligen Chefredakteur der Miami News, der sich dafür einsetzte, Key Biscayne nicht zu stark zu bebauen), um die **ursprüngliche Vegetation** wieder anzupflanzen. Zu ihr gehören neben den Mangroven vor allem die sogenannten *hammocks,* Bauminseln aus verschiedenen Palmen, Kiefern und Schlingpflanzen, Bromelien und anderen Epiphyten (Aufsitzerpflanzen, also Pflanzen, die auf anderen Pflanzen sitzen, um z. B. besser mit Licht versorgt zu werden).

In dieser natürlichen Vegetation lebt auch wieder die **heimische Tierwelt,** zu der etwa 50 Schmetterlingsarten, 170 Vogelarten, Reptilien und unzählige Insekten, Spinnen sowie Weichtiere zählen. Auch Säuger sind hier vertreten, vor allem **Waschbären** *(racoons)* sind an Park- und Picknickplätzen häufige Gäste. Bitte Obacht, sie können ziemlich fies beißen und eventuell auch Krankheiten übertragen.

Das Futter, das die Waschbären vom Menschen ergattern können, lässt sie satt, etwas träge und manchmal unvorsichtig werden. Kein Problem haben sie mit dem Autoverkehr, denn hier fährt man Schrittgeschwindigkeit und passt auf, aber in den Wasserlöchern der Mangrove leben auch der ein oder andere **Alligator** und das **Amerikanische Krokodil.** Auch im Meerwasser tummelt sich so manches. Neben **tropischen Rifffischen** kann man hier mit etwas Glück auch die **Loggerhead Turtle** (Unechte Karettschildkröte) sowie die **Seekuh** *(manatee)* finden.

Auf nett angelegten **Wander- und Radfahrwegen** kann man das Gebiet erkunden, sich am Strand sonnen oder ein Picknick machen. An etlichen Punkten ist auch die Tierbeobachtung möglich, allerdings halten sich viele Tiere nicht an diese Stellen und kreuzen dann und wann auch schon mal andernorts den Pfad der Besucher, also Augen auf!

Ein unbedingtes Muss ist der Besuch des **Cape Florida Lighthouse**, einem 1825 erbauten Leuchtturm, der einst dazu diente, herannahenden Schiffen die Untiefen vor der Küste zu signalisieren. Damals war er 65 Fuß (19,812 m) hoch. Als 1835 der sogenannte **Zweite Seminolenkrieg** ausbrach, kam es auch im Bereich des heutigen Key Biscayne zu Auseinandersetzungen. 1836 griffen Krieger der Seminolen den Leuchtturm an, um die Anwesenheit der Weißen in der Wildnis Südfloridas in Frage zu stellen und zerstörten das Gebäude. In dem Krieg litt nicht nur der Turm, denn als 1835 die Seminolen unter Führung von Osceola gegen die Armee antraten, taten sie es mit einer Guerillataktik, die schnelle Angriffe und ebenso raschen Rückzug in die Sümpfe vorsah. 1500 amerikanische Soldaten fanden den Tod, doch auch die Armee nutzte dann diese Taktik. Statt die Angreifer zu verfolgen, suchte man gezielt ihre Lager und vernichtete Vorräte, sodass in der Folge immer mehr Krieger aufgaben, sich gefangennehmen ließen und anschließend in den Westen der USA deportiert wurden. Als 1842 schließlich nur noch wenige Hundert Seminolen in den Sümpfen lebten, war der Krieg beendet, ohne echten Sieger! Der Leuchtturm wurde 1846/47 neu aufgebaut, dieses Mal aber nicht so klein wie zuvor, sondern man erweiterte ihn auf stolze 95 Fuß (28,956 m) Höhe.

Anfang des 20. Jahrhunderts nahm sich **James Deering** des Gebäudes an. Der Turm hatte in den vergangenen Jahrzehnten stark gelitten, da das Meer an der Küste immer mehr Erosion verursacht hatte, was letztlich sein Fundament beschädigte. Man musste erkennen, dass dieses nur etwa einen Meter tief reichte, also keinesfalls ausreichend war. Man ließ Metallstützen in den Boden und goss ein solides Betonfundament für den Turm, das heute so stabil ist, dass der Leuchtturm dem Miami Hurricane von 1926 und Hurricane Andrew (1992) standhalten konnte. 1966 wurden der Turm und das Gebiet zum State Park erklärt, man restaurierte auch das Leuchtturmwärterhaus, das heute zu besuchen ist und einen interessanten Einblick in das Leben vor etwa 100 Jahren bietet.

> 1200 s. Crandon Boulevard, Key Biscayne, Tel. 305–3615811, www.floridastateparks.org, geöffnet: tgl. von 8 Uhr bis Sonnenuntergang, Eintritt: Auto (mit bis zu 6 Personen) $ 8, Fußgänger/Radfahrer $ 2

Homestead

Nun geht es raus aus der Stadt und nach Süden – schon wenige Kilometer hinter den eigentlichen Stadtgrenzen ist es vorbei mit der Mondänität, dem Luxus und den glitzernden Fassaden Miamis. In der Umgebung von Homestead überwiegen Farmen und Firmen am Straßenrand. Natürlich gibt es auch hier Shoppingareale, aber die dienen vor allem der Versorgung der Bevölkerung mit den alltäglichen Dingen. Dies ist das andere (richtige?) Florida, das aber eben auch zu Miami gehört.

⑭ Coral Castle ★★★

Hunderte Tonnen von Korallen, die aufgestapelt und zu einem „Schloss" zusammengestellt wurden: Coral Castle ist die Leistung eines einzelnen Mannes – für das Land der unbegrenzten Möglichkeiten eigentlich kein Wunder.

Edward Leedskalnin wurde am 10. August 1887 (gestorben 7. Dezember 1951) in Riga geboren. Mit 26 lernte er die 10 Jahre jüngere Agnes Scuffs kennen und wollte sie heiraten. Lange Zeit galten die beiden als das Traumpaar, doch am Tag vor der Hochzeit sagte seine Verlobte die Trauung – angeblich ohne Grund –

Seekühe

Grundsätzlich lassen sich Seekühe in zwei Familien unterteilen: die Dugongs, deren Schwanzflosse gekielt ist, und die Manatis, deren Schwanz abgerundet ist. Vor den Küsten Floridas trifft man auf Manatis (engl. „manatee"). Die zwischen zwei und viereinhalb Meter langen Tiere bringen es auf bis zu 600 Kilogramm Gewicht. Der walzenförmige Körper ist hell gefärbt, wobei der Rücken oft viele grünlich-dunkle Flecken zeigt, weil sich Algen wegen der geringen Schwimmgeschwindigkeit ansetzen. Sie bevorzugen lichtdurchflutete, flache Gewässer und kommen auch in Flüssen vor. Hier finden sie ihre rein pflanzliche Nahrung, die entweder am Boden geweidet oder von der Oberfläche gefressen wird. Manatis müssen täglich bis zu acht Stunden fressen und nehmen bis zu 100 Kilogramm Pflanzenmasse auf. Solche Mengen bedürfen einer enormen Darmflora, denn nur diese Bakterien können die in den aufgenommenen Pflanzen enthaltenen Nährstoffe tatsächlich freisetzen. Das dauert im bis zu 40 Meter langen Darm durchaus mehrere Tage und sorgt logischerweise dafür, dass sich riesige Gasmengen entwickeln, die regelmäßig abgelassen werden müssen. Diese Gase bringen den Tieren einen gewaltigen Auftrieb, der gemindert werden muss, was sie durch eine sehr dünne Fettschicht und sehr schwere Knochen erreichen.

Obwohl es in Florida keine natürlichen Feinde für die Manatis gibt, ist ihr Bestand stark bedroht. Einerseits führen Baumaßnahmen in den küstennahen Bereichen zu einem Rückgang ihres Lebensraumes und andererseits kommen die langsam schwimmenden Tiere leider allzu häufig mit den Schrauben von Bootsmotoren in Berührung. Die Tiere können zwar bis zu 25 Minuten tauchen, müssen als Lungenatmer dann aber auftauchen. Zudem sind sie sehr langsame Schwimmer und können so schnellen Motorbooten nicht ausweichen. In allen küstennahen Gewässern gilt somit der Grundsatz „Speed kills Manatee" und damit Schrittgeschwindigkeit für Boote.

042mi Abb.: ho

ab. Edward zerbrach daran, wanderte in die Neue Welt aus und wurde das, was man einen komischen Kauz nennen mag. Als Sonderling verschrieb er sich der Idee, ein Monument seiner unerfüllten Liebe zu erbauen. Ursprünglich als Rock Gate Park bezeichnet, bekam es später den treffenderen Namen **Coral Castle**.

Ohne Hilfe oder Maschinen gelang es dem nur etwa 1,65 Meter großen Edward, der auch nur ca. 50 Kilogramm wog, **1100 Tonnen Korallen** zu schlagen, zu transportieren (bis zu 10 Meilen weit von Florida City nach Homestead) und letztlich zu Mauern, Skulpturen und „Möbeln" zusammenzubauen. Vornehmlich nachts arbeitete er an den jetzt über 2,50 Meter hohen Mauern, die auch zahlreiche Aussichtspunkte enthalten. 1951 war es dann vollbracht, nach **28 Jahren Bauzeit** (1923–1951), in denen der Baumeister auch zahlreiche Geheimnisse „erbaute", so z. B. ein 9 Tonnen schweres Tor, das kinderleicht zu bewegen ist, oder der 2,5 Tonnen schwere Schaukelstuhl, den man mit einem Finger zum Schaukeln bringen kann. Wer mehr von diesen Geschichten hören möchte, nimmt an einer geführten Tour teil.

❯ 28655 s. Dixie Highway, Homestead, Tel. 305-2486345, www.coralcastle. com, geöffnet: So–Do 8–18 Uhr, Fr, Sa bis 20 Uhr, Eintritt: $ 12, Kinder $ 7

🔴 Biscayne National Park ★★★

Im Süden Miamis erstreckt sich über 62.000 Hektar Fläche dieser Meeresnationalpark, der dem Besucher die Chance bietet, einen einmaligen Blick in die Unterwasserwelt des tropischen Atlantiks zu bekommen.

Mit dem Boot, schnorchelnd oder tauchend kann man hier einen Teil des **drittgrößten Korallenriffs der Erde** erleben. Die Geschichte der menschlichen Besiedelung der Region beginnt schon vor etwa 10.000 Jahren, als erstmalig Jäger die damalige Trockensavanne nutzten, um ihre Lager aufzuschlagen und auf Beutefang zu gehen. Mit Beginn der Eiszeit verlieren sich aber ihre Spuren. Erst als diese Zeit ihrem Ende entgegenging und der Meeresspiegel stieg, wurde das Gebiet wieder wasserreich. Es bildete sich die heutige Bucht, Flüsse taten ein Übriges. Es entstanden ideale Voraussetzungen für erste Siedler, denn es gab Frischwasser und proteinreiche Nahrung aus dem Meer. So siedelten sich hier vor etwa 2500 Jahren die **Tequesta-Indianer** an.

Die Region erlebte mit dem Eintreffen europäischer Eroberer ihre Höhen und Tiefen, doch die spätere Entwicklung ist dann wieder ein „amerikanischer Traum". 1858 wurde in North

043mi Abb.: ho

044mi Abb.: ho

Carolina **Israel Lafayette Jones** geboren. Zu der Zeit gab es noch die Sklaverei und Rassenhass und trotzdem gelang es dem Mann mit dunkler Hautfarbe, eine faszinierende Erfolgsgeschichte zu leben. Ob er aus einer Sklavenfamilie stammte oder nicht, kann heute nicht mehr ermittelt werden, doch nur etwa ein Prozent der farbigen Amerikaner waren damals keine Sklaven. Über viele Feldarbeiterjobs kam er schließlich nach Südflorida und heuerte als Verwalter auf den Besitzungen der reichen weißen Großgrundbesitzer an. Während seiner Arbeit bekam er ein gutes Auge für den Anbau von **Ananas** und den berühmten **Key Limes** (einer Zitronensorte). Er heiratete später eine Einwanderin von den Bahamas, mit der er zwei Söhne hatte: **King Arthur Lafayette Jones** und **Sir Lancelot Lafayette Jones.** 1897 wollte Jones dann nicht mehr nur Verwalter sein und erwarb für $ 300 **Porgy Key.** Mit seinen Söhnen rodete er die dichte Vegetation und fand Kalksteinböden vor, der ideal für den Anbau von Ananas und Limetten war. Innerhalb von zwei Jahren zeigte sich der erste wirtschaftliche Erfolg, kurze Zeit später war die Familie der größte Produzent dieser Früchte in Südflorida. Später

kaufte er noch **Totten Key** dazu. Nach seinem Tod managten seine Söhne das Unternehmen bis Ende der 1920er-Jahre. Dann wurde die Konkurrenz durch mexikanische Früchte zu groß. Sie verlegten sich auf **Fischfang** und **Hochseetouren,** lernten so die mächtigsten Leute Amerikas kennen und waren immerhin die zweitgrößten Grundbesitzer unter den Insulanern (wie man die Menschen auf den Keys auch nennt). 1968 wurde das Gebiet zum National Monument erklärt, 12 Jahre später zum **Nationalpark.** Schon 1970 bot die Regierung der Familie an, ihren Besitz zu erwerben. Sir Lancelot verkaufte ihn für 1,2 Millionen Dollar und durfte bis zu seinem Lebensende auf dem ehemaligen Familiengrundstück wohnen.

Heute tummeln sich im glasklaren Wasser des Meeresnationalparks unzählige **Fischarten** über Formationen von **Fächer- und Hirnkorallen.** Weichkorallen schwanken mit der (meist) sanften Strömung und Bar-

◁ *Im Coral Castle besteht alles aus Korallenblöcken*

◸ *Ein Schwarm Schnapper im Korallenriff des Biscayne National Park*

rakudas verharren beinahe regungslos nahe der Wasseroberfläche, um dann aber blitzschnell auf Beute reagieren zu können. Mit etwas Glück kann man eine der großen **Meeresschildkröten** sehen, die anmutig durch das Wasser gleiten, oder man beobachtet die großen Schwärme der bunten Fische. Allen voran sieht man hier den Fünfstreifen-Riffbarsch (wegen seiner Streifen auch Sergeant-Major genannt), der sehr vorwitzig werden kann und Schwimmern und Schnorchlern auch schon mal ins Bein zwickt.

Wer nicht ins Wasser möchte, kann sich die Unterwasserwelt mit dem **Glasbodenboot** ansehen oder die Gewässer mit dem **Kajak** erkunden. Zudem gibt es regelmäßig geführte **Touren** mit den Rangern, die an Land und zu Wasser alles Wissenswerte über die herrliche Über- und Unterwasserwelt des State Parks zu berichten haben.

❯ Dante Fascell Visitors Center,
9700 SW 328th Street, Homestead,
Tel. 305–2301100, www.nps.gov/bisc,
geöffnet: tgl. 9–17 Uhr

⑯ Deering Estate at Cutler ★★ [cq]

Auf dem Anwesen des ehemaligen Textil- und Landmaschinenfabrikanten Charles Deering erlebt man einen bunten Reigen aus Natur- und Kulturerlebnissen, denn dem Magnaten war die Erhaltung der Natur ebenso ein Anliegen wie die Sammlung wertvoller Kunstschätze.

Charles Deering wurde 1852 in Maine geboren. Nachdem sein Vater, der zunächst mit Textilien gehandelt hatte, in den Landmaschinenhandel einstieg, kam auch Charles mit seiner Familie nach Illinois. In der Firma erwarb sich Charles seine Meriten, sodass er 1902 Aufsichtsratvorsitzender bei International Harvester (dem Zusammenschluss von Deering und McCormick) wurde und bis 1910 blieb.

Schon in der Jugend wuchs in Charles und seinem jüngeren Bruder James (dem Gründer des Vizcaya Museums ❼) die **Liebe zur Kunst.** Mit ihrem Vermögen hatten sie keine Probleme, „Alte Meister" zu sammeln. Charles brachte es bis 1922 auf eine Sammlung von über 40 Werken, darunter El Greco, Velasquez und Rembrandt, die damals einen Wert etwa 60 Millionen Dollar hatte. Er selbst versuchte sich ebenfalls als Maler und auch seine Werke sind Teil der heutigen Sammlung.

Bis zu seinem Tod (1927) engagierte sich Deering für die Malerei und ließ das Deering Estate zu einem **Refugium für Künstler** werden, die hier leben und arbeiten konnten. Das Engagement wurde von seinen Erben über 50 Jahre lang aufrechterhalten, bis die letzte Erbin verstarb. Das über 1,8 Millionen Quadratmeter große Anwesen sollte verkauft werden und kam 1985 in den Besitz des Miami-Dade County. Heute ist es immer noch ein Rückzugsort für Künstler, ein **Ausstellungsgelände** (in den Gebäuden gibt es eine permanente Sammlung und regelmäßig Sonderausstellungen) und auch ein Ort, an dem die **Natur** als „Kunstwerk" erhalten bleibt. Hier kann man die einzigartige Küstenvegetation und den Aufbau der küstennahen Vegetation in ihrer Ursprünglichkeit erleben, denn neben Mangrove- und Pinienwäldern gibt es auch die Salzmarschen und Dünenbereiche, die andernorts aufgrund von Bebauung nahezu nicht mehr existieren. So kann man mit Glück auch Füchse, Stinktiere *(skunks)*, verschiedene Hörnchenarten, Schlangen und die allgegenwärtigen Echsen sowie diverse Vogelarten beobachten.

> 16701 SW 72 Avenue, Tel. 305–2351668, www.deeringestate.org, geöffnet: tgl. 10–17 Uhr, Eintritt: $ 12, Kinder $ 7

045mi Abb.: ho

⑰ Monkey Jungle ★★★

Den Besucher erwartet hier eine abenteuerliche, informative und manchmal auch zum Schmunzeln anregende „Expedition" in das Reich der Primaten. Inmitten der tropischen Kulisse Südfloridas stellt sich immer mal wieder die Frage: „Beobachten wir oder werden wir beobachtet?"

In den 1930er-Jahren war es zunächst ein rein wissenschaftliches Anliegen von **Joseph und Grace Du-Mond** aus Connecticut, sich mit dem Sozialverhalten von Primaten zu beschäftigen. Sie studierten **Javaneraffen** (Macaca fascicularis), die in weiten Teilen Südostasiens leben und hier erstaunliche Leistungen vollbringen. Sie leben in gewässernahen Wäldern (auch Mangrove), schwimmen und tauchen, sind nahezu Allesfresser, leben in großen Familiengruppen und passen sich auch neuen Bedingungen gut an. Mit diesen Erkenntnissen kauften die DuMonds zunächst einige dieser Tiere, hielten sie zu Hause und gaben ihnen die Möglichkeit, sich jederzeit frei zu bewegen. Nach kurzer Zeit stellten sie fest, dass die Tiere nicht etwa verschwanden, sondern stets zum Haus zurückkehrten. Joe DuMond entwi-

ckelte daraufhin die Hypothese, die Tiere seien einerseits territorial und würden zudem jeden neuen Lebensraum besiedeln können, wenn zumindest die klimatischen Bedingungen stimmen würden.

Er las über Südflorida, erkannte die Ähnlichkeit des Klimas zum natürlichen Habitat der Tiere und kaufte in der Nähe von Miami 10 Hektar Land. Dort setzte er insgesamt sechs Javaneraffen *(long tailed macaque* oder *crab eating monkey)* aus und beobachtete deren Entwicklung. Im tropischen Klima konnte sich eine neue Population bilden, die unter ständiger Beobachtung war und somit wichtige Erkenntnisse für die Primatologie lieferte. Kurz darauf kamen erste Anfragen von Nachbarn, das Gelände besichtigen zu wollen, was ihnen für damals 10 Cent gestattet wurde. Doch DuMond musste zunächst ein Problem regeln. Da die Affen nie in einem Käfig gelebt hatten, blieb nur die Option, die Besucher „hinter Gitter zu stecken". Eine neue Beobachtungssituation war geboren, freilebende Tiere wurden nun **von Käfigen aus beobachtet.**

Der Park konnte schnell expandieren, später übernahm Frank Du-

▷ *Auch heute leben noch Javaneraffen im Monkey Jungle*

Mond, der Sohn der Gründer, die Leitung. Er entwarf die Attraktion **Südamerikanischer Regenwald,** in dem die Besucher nun auch **andere Arten** (aber nach dem gleichen Prinzip) beobachten konnten. Damit ergaben sich auch neue Forschungen, man konnte u. a. das Balz- und Brutpflegeverhalten von Halbaffen erkunden, und es gelang, auch von Arten Nachzuchten zu bekommen, die bisher in Gefangenschaft keine Reproduktion gezeigt hatten (leider wurde dieser Dschungel vom Hurricane Andrew 1992 stark in Mitleidenschaft gezogen).

Mittlerweile leben hier neben den Javaneraffen auch Orang-Utans, Gorillas, Spinnenaffen, Kapuzineraffen, Krallenaffen, Gibbons und Tupaias (Spitzhörnchen, die zu den Halbaffen gehören). Zudem können Interessierte auch die zahllosen archäologischen Funde begutachten, die man in einem Wasserloch gefunden hat und die bis zu 10.000 Jahre alt sind.

❯ 14805 SW 216 St., Tel. 305–2351611, www.monkeyjungle.com, geöffnet: tgl. von 9.30–17 Uhr, Eintritt: $ 29,95, Kinder $ 23,95, auf der Website und in Broschüren (z. B. Welcome to Miami) findet man immer wieder Coupons, die den Eintritt um bis zu $ 2 vergünstigen

⑱ Miami Metro Zoo ★★★ [aq]

Gleichgültig, ob man den Zoo zu Fuß, mit dem (Miet-)Rad oder der Monorail erkundet, man bekommt hier Tiere in einer Umgebung zu Gesicht, die internationales Renommee besitzt.

Auf dem riesigen Gelände des Zoos hat man es sich zur Aufgabe gemacht, die Tiere ohne Käfige zu zeigen. **Riesige Freigehege,** die die Natur Afrikas, Asiens und Amerikas möglichst naturgetreu abbilden, beherbergen Hunderte von Tier- und Pflanzenarten. In **Aviarien** (Freiflughalle für Vögel), **Schmetterlingshallen** und einem **Tropenhaus** kommt man den Tieren und Pflanzen sehr nah, **Tiershows** ergänzen die Unterhaltung und bieten zudem gute Einblicke in die Lernfähigkeit verschiedener Tierarten. Löwen und Nashörner, Schlangen und Vogelspinnen, Affen, Kängurus, Krokodile und Flamingos gehören selbstverständlich zu den Publikumsmagneten.

Die **Gartenanlagen** zeigen Bäume aus aller Welt und man erfährt viel Wissenswertes über sie, so z. B. über den Kapokbaum, der aus Indonesien stammt und dessen Samen dort als Füllmaterial von Kopfkissen genutzt wird.

❯ 12400 SW 152 St., Tel. 305–2510400, www.miamimetrozoo.com, geöffnet: tgl. von 9.30–17.30 Uhr, Eintritt: $ 15,95, Kinder $ 11,95

Aventura, North Miami

Nördlich von Miami Beach beginnt die Region North Miami, die sich bis zu den Countygrenzen von Fort Lauderdale erstreckt. Hier gibt es Strand, Hotels und alles, was des Urlaubers Herz begehrt. Shoppingfans kommen in der Aventura Mall (s. S. 26) auf ihre Kosten und am Haulover Beach (s. S. 54) kann man sich hüllenlos bräunen.

⑲ Ancient Spanish Monastery ★ [gh]

Hier erlebt man spanische Geschichte hautnah – und das mit dem Hauch von Dekadenz, den man Amerika und seinen Geschäftsleuten so gerne nachsagt.

Die Geschichte dieses Bauwerkes müsste eigentlich mit „Es war einmal ...“ beginnen, denn irgendwie ist sie märchenhaft, zumindest aber vollkommen exotisch. Also: Es war einmal vor langer Zeit in Spanien. Man schrieb ungefähr die Mitte des 12. Jahrhunderts, als in Sacramenia in der Provinz Segovia (gehört zu Kastilien) ein Kloster unter dem Namen Santa Maria la Real de Sacramenia erbaut und geweiht wurde. Später erhielt es zu Ehren des Zisterziensermönches Bernard de Clairvaux den Namen St. Bernard de Clairvaux. 1647 kam es zu einem zerstörerischen Brand, doch den Zisterziensern gelang es, das Kloster wieder aufzubauen und bis 1835 in ihrem Besitz zu halten. Es folgte eine recht wechselhafte Geschichte u. a. als Altenheim, bis der Verleger **William Randolph Hearst** es 1925 kaufte, abbauen, in Kisten verpacken und **nach Amerika verschiffen** ließ. Über 11.000 Holzkisten traten so den Weg in die Neue Welt an.

Die Reise dauerte lange. Zu lange für den Gang der Geschichte, denn in Spanien brach die Maul- und Klauenseuche aus. Amerika stellte daraufhin alle Waren aus Spanien unter Quarantäne, auch das Kloster-Puzzle, denn die Mauersteine waren zum Schutz gegen Stöße in **Heu** verpackt, was ein potenzielles Ansteckungsrisiko bot. Das Heu musste vernichtet werden, doch leider arbeitete man „unsauber“, denn die sorgsam bei der Verpackung erfolgte Nummerierung kam durcheinander. Doch damit nicht genug: Gegen Ende der 1920er-Jahre litt auch das Imperium Hearsts im Rahmen der internationalen Börsenkrise. Die Kisten blieben über 20 Jahre unbeachtet! Ein Jahr nach dem Tod des Magnaten (1951) kauften

W. Edgemon und **R. Moss** die Kisten und ließen das Kloster in 19 Monaten soweit es ging wieder auferstehen – einige Kisten sind nach wie vor unberührt. Heute kann man das Bauwerk besichtigen und hier z. B. auch heiraten.

> 16711 W Dixie Highway, North Miami Beach, www.spanishmonastery.com, Tel. 305–9451461, geöffnet: Mo–Sa 10–16 Uhr, So 12–16 Uhr, Eintritt: $ 8, Kinder $ 4. Unbedingt am Tag vor der Besichtigung anrufen, da hier häufig Sonderveranstaltungen gebucht werden.

EXTRATIPP

Eine Fahrt in den Sonnenuntergang

Stimmungsvolle Augenblicke kann man erleben, wenn man am späten Nachmittag kurz vor dem Sonnenuntergang auf der **A1A von Aventura/ North Miami in Richtung Süden** fährt. Jenseits der Bucht geht dann die Sonne mit farbenprächtigem Spektakel unter. Zum türkisfarbenen Wasser kommt ein Himmel in Rot-Orange bis Violett, manchmal mit den weißen Kondensstreifen der Flugzeuge! Ein toller Anblick.

Zu Gast in James Bonds Garage

Über 1200 Fahrzeuge aus Filmen, aber auch „von der Straße“ warten im Dezer Collection Auto Museum auf Besucher. Darunter befinden sich auch Bonds Aston Martin, das Batmobil und viele weitere Klassiker. Ein „must see“ für Menschen mit Benzin im Blut.

📍**108** [fi] **Dezer Collection Auto Museum**, 2000 NE 146th Street, North Miami, Tel. 305–3547680, www.dezercollection.com, Eintritt: $ 40, Kinder $ 15

⑳ Oleta River State Park ★★ [gi]

Schon 500 Jahre vor Christus lebten hier an der **Mündung eines Flusses**, der aus den Everglades ㉑ in die Biscayne-Bucht führt, Tequesta-Indianer. Das Mündungsgebiet versprach stets fruchtbaren Boden, sodass sich auch rasch die spanischen Eroberer und später alle weiteren Siedler gerne hier niederließen. Auch der Fischreichtum der Gewässer lockte die Menschen an. Leider litt darunter die Natur, denn die Siedler wollten weder Alligator noch Bär oder Wolf als Konkurrent in dem Gebiet haben.

Seit 1980 gehört das Gebiet unweit der City von Miami jedoch zu den State Parks von Florida. Damit unterliegen alle Pflanzen und Tiere hier den strengen **Artenschutzgesetzen**, sodass sich viele Tierarten wieder ausbreiten konnten. Neben zahlreichen (Wasser-)Vogelarten, Fischen und Insekten locken vor allem die Säuger, zu denen hier neben Delfinen und Seekühen auch Waschbären und Luchse gehören, sowie die Reptilien Besucher an. Aber Achtung! Sieht man eine der hier lebenden **Schlangenarten**, sollte man zunächst stets davon ausgehen, dass sie **giftig** sind! Besonders die Cottonmouth ist da zu nennen, denn diese braun-schwarz gefärbte Giftschlange (leicht erkennbar an ihrem weißen Mundinnenraum, wenn sie drohend mit geöffnetem Maul faucht) besitzt ein potenziell tödliches Neurotoxin, das sie blitzschnell injizieren kann.

Außer zu Fuß, vom Rad oder Kanu aus Tiere zu beobachten, kann man an den Stränden des State Parks auch **baden** oder **picknicken.**

❯ 3400 NE 163rd St., Tel. 305–9191846, www.floridastateparks.org/oletariver, geöffnet: tgl. 8 Uhr bis Sonnenuntergang, Eintritt: $ 6 pro Pkw (bis zu 8 Personen), $ 2 Fußgänger, Radfahrer etc.

Entdeckungen außerhalb Miamis

㉑ Everglades National Park ★★★

Pa-Hay-Okee nennen die Seminolen das Gebiet, das heute noch über 600.000 Hektar jenseits der Stadtgrenzen von Miami bedeckt und Heimat von über 300 Vogel-, Säuger-, vor allem aber Reptilienarten ist, von denen die Alligatoren zu den bekanntesten zählen.

Florida oder Miami sind ohne die Everglades kaum vorstellbar. Ein Besuch in diesem riesigen **Nationalpark** ist praktisch ein Muss. „Pa-Hay-Okee" meint **„Fluss aus Gras"** und ist man erstmal vor Ort, nimmt der indianische Name sehr schnell Gestalt an: Denn was auf den ersten Blick wie Land aussieht, entpuppt sich bei näherem Hinsehen als Wasserfläche, aus der überall Gras wächst. Immer wieder gibt es auch **Straucheninseln** (sogenannte *hammocks),* die oft nur knapp oberhalb des Wasserspiegels liegen. Das Wasser stammt aus dem sich nördlich befindenden **Lake Okeechobee**, der sein Wasser in den Fluss entlässt, der im Süden zum „Fluss aus Gras" wird.

Nur etwa 70 Kilometer südwestlich des internationalen Flughafens von Miami befindet sich das **Ernest F. Coe Visitor Center**, das Eingangstor der Everglades. Von hier aus sind es dann nochmals 61 Kilometer durch den Park, bis man nach **Flamingo** gelangt, dem kleinen „Ort", in dem es neben einem Besucherzentrum auch einen Hafen, eine Tankstelle, einen Laden, ein Restaurant und Unterkunftsmöglichkeiten gibt. Unterwegs kann man an verschiedenen Punkten anhalten und kürzere (wenige Minuten dauernde) oder längere (etwa eine Stunde dauernde) **Wanderwege** erkunden. Wer mag, kann zu Fuß oder mit einem gemieteten Kanu auch bis zu fünf Tage lang unterwegs sein.

Es sind Wasservögel, vor allem Reiher (Seiden-, Grau- und Nachtreiher), Schlangenhalsvögel (Anhinga), Löffler, Sichler, Störche sowie Truthahngeier (erkennbar am roten Kopf) und Rabengeier (mit grauem Kopf), Flamingos, Adler und Bussarde zu beobachten. Häufig kann man am Straßenrand Landschildkröten und im Wasser Sumpfschildkröten sehen. Ebenfalls häufig sind Waschbären anzutreffen, die possierlichen kleinen Räuber, die nur wenig Scheu zeigen. Rehe oder Hirsche sind selten, noch seltener Luchs oder Puma (Panther genannt). Im Sommer, der regenreichen Jahreszeit, breiten sich die Everglades aus, im Winter ziehen sie sich zusammen, sodass auch **Tierbeobachtungen** einfacher werden. Alligatoren kann man an den Trails im Park ganzjährig beobachten, Schlangen selten. Echsen (häufig Anolis-Leguane) sind aber überall zu finden. Sehr gute Beobachtungsmöglichkeiten bestehen am **Anhinga Trail** mit seinen Plankenwegen, die weit auf die Gras-Wasser-Fläche hinausführen, sowie am **Pa-Hay-Okee Overlook**, dessen Aussichtsturm eine herrliche Übersicht bietet. Allerdings sind diese beiden Trails stets gut besucht. Klassische **Pflanzen** in den Everglades sind

Kiefern und Zypressen (z. B. am Pinelands Trail) sowie die Gumbo-Limbo-Bäume am gleichnamigen Pfad. Sie gehören zu den Balsamgewächsen und besitzen ein Gummiharz, das bei Berührung Allergien auslösen kann.

ℹ️**109 Ernest F. Coe Visitor Center,**
40001 State Road 9336, Homestead,
Tel. 305-2427700, www.nps.gov/ever,
geöffnet: ganzjährig 24 Stunden, Eintritt:
$ 10 pro Pkw oder $ 5 pro Person (ohne
Fahrzeug)

Wer die vergleichsweise weite Fahrt nach Flamingo scheut, kann auch zum **Shark Valley Visitor Center** an der US41 fahren. Bis hierher sind es vom Flughafen aus nur 34 Meilen, die man in etwa 45 Minuten fahren kann. Am Besucherzentrum beginnen der **Bobcat Boardwalk**, ein Plankenweg (ca. 30 Minuten zu gehen), und der noch etwas kürzere **Otter Cave Trail**, der nur 20 Minuten durch das Unterholz führt. Auf beiden Wegen sind Echsen häufig, manchmal sieht man auch Schlangen, allen voran die Dusky Pygmy Rattlesnake, eine kleine Klapperschlangenart, die dem Menschen wegen ihrer geringen Größe

Alligator und/oder Krokodil

Beide gehören zur Ordnung der Krokodile. Doch dann beginnen die Unterschiede, denn die **Alligatoren** sind eine Familie, zu der u. a. der in Florida (und den Südstaaten der USA) beheimatete Mississippi-Alligator (Alligator mississippiensis) gehört, während das in Florida vorkommende **Amerikanische Krokodil** (Crocodylus acutus) auch Mittelamerika, die Antillen und das nördliche Südamerika besiedelt.

Schon an der Kopfform lassen sie sich gut unterscheiden. Während der Alligator ein vergleichsweise dickes, rundliches Maul besitzt, ist das des Krokodils lang gestreckt, schlank und spitz (Spitzkrokodil). Bei geschlossenem Maul sind beim Spitzkrokodil alle Zähne zu sehen, wobei die des Unterkiefers in Lücken des Oberkiefers fassen und umgekehrt. Anders beim Alligator: Hier sieht man vornehmlich die Zähne des Oberkiefers.

Das junge Spitzkrokodil hat eine deutliche Hell-Dunkel-Zeichnung (grünlich-braun-schwarz), die beim erwachsenen Tier zu einem einheitlichen Grau wird. Im Gegensatz dazu steht die schwarze Haut mit gelbgrüner Zeichnung des Babyalligators, die später beim erwachsenen Tier zum sehr dunklen Grau (fast Schwarz) wird. Alligatoren leben im Süßwasser, also auch in Kanälen entlang der Highways, ebenso wie in den Everglades ❷, während das Spitzkrokodil Brackwasser (Übergangsbereich von Salz- und Süßwasser) als **Lebensraum** schätzt. Aus diesem Grund kann man es küstennah bzw. auf Inseln finden. Gern wird bei diesen Tieren auch über ihre **Größe** spekuliert: Der größte jemals gefangene Alligator (Louisiana) maß 5,7 m, während man aus Südamerika Berichte über bis zu 7,2 m lange Spitzkrokodile kennt. Solch große Tiere gibt es in Florida nicht, aber man muss auch vor kleineren Exemplaren Respekt haben, denn auch ein zwei oder drei Meter langes Tier kann einem Menschen gefährlich werden. Dies gilt vor allem für den Alligator, denn diese Tiere sind, seit sie Ende der 1960er-Jahre unter Schutz gestellt wurden, überall in Florida beheimatet. Deshalb kommt es auch **häufig zu Begegnungen** mit ihnen.

Offizielle Stellen verlangen einen **Sicherheitsabstand von mindestens fünf Metern** zu einem **Alligator.** Weit über 50 % seiner Körpermasse besteht aus **Muskeln.** Die gefährlichsten sitzen im Schwanz, mit dem er um sich schlägt, und im Maul. Letztere lassen die Kiefer mit bis zu 30 psi/etwa 206 bar zudrücken – zum Vergleich: ein Autoreifen wird mit 2,5 bar aufgepumpt. Dieser Muskelmasse steht

046mi Abb.: ho

ein Gehirn gegenüber, das nur 0,08 % der Körpermasse ausmacht, also fast nichts kann, außer Instinkte ablaufen zu lassen. Das ist ein Vorteil für den Angegriffenen, denn wenn das Tier auf die Beute losschießt, kann es die Stoßrichtung nicht mehr beeinflussen, ein Schritt zur Seite reicht für ein erstes Entkommen aus. Und doch kann es passieren, dass man den Tieren näher kommt als gewollt, denn nach der Partnerwahl im Frühjahr und der **Paarung** werden in den Sommermonaten 30 bis 50 Eier in ein Nest aus verrottendem Pflanzenmaterial oberhalb der Wasserlinie gelegt und für die nächsten 2 bis 3 Monate vom Weibchen bewacht. Schlüpfen dann im September die Jungen, wacht das Weibchen weiter, trägt sie zum Wasser und beschützt sie. Reagiert ein Mensch auf das niedliche Piepsen der jungen Alligatoren, werden die Weibchen **höchst aggressiv.** Leider sieht man sie manchmal zu spät!

Anders ist die Gefährdung beim **Spitzkrokodil.** Es ist ausgesprochen selten und zudem scheu. Selbst am Nest wachende Weibchen lassen sich von herannahenden Personen erschrecken und fliehen, sodass Unfälle mit ihnen nie vorkommen, höchstens durch unachtsame Autofahrer, die die Tiere beim Überqueren der Straße verletzen oder töten (z. B. auf dem Highway 1 Richtung Key Largo).

Alligatoren besitzen übrigens keine Geschlechtschromosomen. Über das **Geschlecht** der schlüpfenden Jungtiere entscheidet die Temperatur im Nest. Bei 32/33 °C entwickeln sich Männchen, bei 27 °C bis 30 °C Weibchen, liegt die Temperatur dazwischen, ist das Geschlechterverhältnis ausgeglichen. Für die Natur bedeutet dies, dass aus den oberen Eiern Männchen schlüpfen, während in weiter unten liegenden Eiern Weibchen heranreifen.

Und warum heißt der Alligator eigentlich Alligator? Wahrscheinlich stammt der Name vom spanischen „el lagarto", was „die Echse" (englisch „lizard") bedeutet. Englische Matrosen sollen daraus später „allagarto" bzw. „allagarter" gemacht haben, was dann zum „Alligator" oder „Gator" (wie der Amerikaner sagt) wurde.

047/mi Abb.: ho

von nur etwa 50 Zentimetern kaum gefährlich werden kann. Alligatoren sind hier Normalität.

Sehr schön ist die **Loop Road**, ein Rundweg, der etwa 22 Kilometer durch das Gebiet führt. Zu Fuß ist der Weg nicht angenehm, da er geteert ist. Ideal ist es, ein Rad zu mieten ($ 8/Stunde) und den Weg zu erradeln. Man sollte unbedingt ausreichend **Flüssigkeit** und **Sonnenschutz** mitnehmen (unterwegs gibt es nichts!). Vom **Observation Tower** auf etwa halber Strecke bietet sich ein toller Blick über das Gebiet.

🛈**110 Shark Valley Visitor Center,** US 41 (Tamiami Trail), Tel. 305–2218776, www.nps.gov/ever, geöffnet: Dez.–April tgl. 8.45–17.15 Uhr, Mai–Nov. tgl. ab 9.15 Uhr, Eintritt: $ 10 pro Pkw oder $ 5 pro Person (ohne Fahrzeug)

Unterkunft

Für den Ausflug in Richtung Flamingo muss man eine Übernachtung einplanen, sonst sind die Entfernungen zu groß. Da leider infolge der Hurricanes Wilma und Katrina das Hotel in Flamingo noch nicht wieder bewohnbar ist, übernachtet man am besten in **Homestead/Florida City.**

🏨**111 Hampton Inn** $$$, 2855 NE 9th Street, Homestead, Tel. 305–2577000, www. hamptoninn.hilton.com. Sehr schönes, relativ neues Motel mit geräumigen Zimmern, schönem Pool und sehr gutem Frühstücksangebot. Je nach Jahreszeit kann man hier auch schon sehr günstig übernachten. Achten Sie auf Roomsaver-Coupons (s. S. 121).

Kulinarisches

Im Park selbst ist das Angebot eher eingeschränkt. Am besten rüstet man sich mit Picknickartikeln aus und isst am Abend in Homestead. Hier gibt es neben verschiedenen Fastfood-Lokalen auch ein **Denny's** (amerikanischer Diner) und ein **Outback Steakhouse.**

Shopping

Wer den Tag in der Wildnis verbracht oder am Tag vorher bemerkt hat, dass genau für diesen Trip noch das richtige Outfit oder Schuhwerk fehlt, kann in Florida City, nur etwa zwei Kilometer von Homestead entfernt, im Outlet shoppen.

🛍**112 Florida Keys Outlet Center,** 250 East Palm Drive, Florida City, www. floridakeysoutletcenter.com, Tel. 305–2484727, geöffnet: Mo–Sa 10–21 Uhr, So 11–18 Uhr. Ob Aeropostale, Bass, Hilfiger, Nike Sunglass Hut oder Samsonite – das Angebot ist groß.

㉒ Key West ★★★

Etwa 165 Meilen trennen Miami von Key West, der südlichsten Stadt der kontinentalen USA. Eine langgezogene Kette von Inseln und Inselchen reiht sich perlschnurartig zwischen der Festlandsküste der USA und Key West auf. Über 40 Brücken, von denen die längste immerhin 11 Kilometer Wasser überbrückt (Seven Mile Bridge), verbinden die Eilande miteinander und sehen täglich Hunderte von Fahrzeugen, die auf dem legendären Overseas Highway (US1) auf dem Weg zur „Partyinsel" Key West sind.

Nach etwa drei bis vier Stunden ist das Ziel von Miami aus erreicht. Vorher konnte man sich an herrlich klarem, blauen Wasser, mit hellem Sand bedeckten Inseln und malerischen kleinen Orten oder Häusern kaum sattsehen. Ursprünglich war Key West nur mit Flaglers Eisenbahn oder dem Boot erreichbar, doch ein verheerender Hurricane zerstörte 1935 die Eisenbahnbrücken (Reste

sind heute noch zu sehen). Und dann kam das Auto und mit ihm enstanden neue Brücken.

Key West wird auch **Conch Republic** genannt. Die riesige Meeresschnecke *(conch)* ist das Symbol dieser „Republik", deren Bewohner sogar einen eigenen Pass haben können, wenngleich sie natürlich auf amerikanischem Staatsgebiet leben. Man möchte sich mit diesem Symbol vom eigentlichen Land lossagen, denn auf Key West herrscht weitgehend **Freizügigkeit.** Da wird gesungen, getanzt, gelacht und getrunken, und das im sonst doch eher prüden Amerika. Hier gibt es bzw. man nimmt sich nahezu jede Freiheit, und das den ganzen Tag über. Wer schon tagsüber angetrunken über die Straße geht, erregt hier keine Aufmerksamkeit, und das auch dann nicht, wenn man ganz offen mit Cocktail im Becher oder Bierflasche unterwegs ist. Die Bekleidung darf hier ruhig sehr bis extrem knapp sein und es ist auch okay, wenn die Figur vielleicht andernorts nicht dazu passen würde. Zur Zeit des alljährlich im Oktober stattfindenden **Fantasy Fest** (www.fantasyfest.com) läuft man auch fast nackt durch die Straßen, einzig die Geschlechtsteile müssen bedeckt sein (über die Größe der Bedeckung wird nichts gesagt).

Aber Key West ist natürlich nicht nur gleichbedeutend mit Party, auch wenn man dies ob der angeblich 600(!) Bars vermuten könnte. Hier fand auch Geschichtsträchtiges statt, denn schließlich lebte man lange von der **Piraterie** bzw. vom *shipwrecking,* wie die Einwohner sagen würden, also dem Ausschlachten und Plündern gestrandeter Schiffe. Dies ist im Baumaterial vieler Häuser heute noch zu sehen, besondere Stücke findet man im **Shipwreck Treasures Museum.** Wenige Meter entfernt befindet sich das **Aquarium,** in dem man die Unterwasserwelt der Meere rund um die Inseln (inklusive einer Haifütterung) bewundern kann. Ist man mehr für die Kultur, kann man das **Little White House** besuchen. Ursprünglich war in dem Gebäude der Sitz des Marinekommandanten, ab 1946 erkor Präsident Harry S. Truman dieses weiße Haus zu seinem Ferienwohnsitz.

⌃ *Wunderschöner Sonnenuntergang am Sunset Point von Key West*

Entdeckungen außerhalb Miamis

Südlich davon, an der Ecke Angela Street/Whitehead Street, steht die ehemalige Kirche, über der James Bond im Film „Lizenz zum Töten" mit dem Fallschirm abspringt, um an der Hochzeit seines Freundes Felix Leiter teilzunehmen. Und noch einmal wenige Meter weiter südlich befindet sich dann das ehemalige **Wohnhaus von Ernest Hemingway**. Hier kann man im hübschen Garten wandeln und Möbel und Trophäen des Jägers Hemingway begutachten. Auch der oben genannte Bond-Film spielt übrigens stellenweise in diesem Haus.

Hemingway war ein gern gesehener Gast verschiedener Bars an der Duval Street. Vor allem **Sloppy Joe's Bar** (201 Duval Street) und **Captain Tony's Saloon** (gegenüber, 428 Greene Street) versuchen, sich gegenseitig den Ruf seiner Stammkneipe abspenstigzumachen, während Biker sich sehr gerne im **Hog's Breath Saloon** treffen. Neben Museen und Bars gibt es in Key West aber auch ein paar andere Highlights und die sogar gratis: Da ist z. B. die bunte Betontonne, die den **Southernmost Point**, den südlichsten Punkt der kontinentalen USA, kennzeichnet und wahre Pilgerscharen fotografierender Touristen anlockt. Am **Sunset Point** wird allabendlich der **Sonnenuntergang** zelebriert. Hier unten am Wasser ist auch der **Mallory Square**, der große Platz am Pier, auf dem jeden Abend Künstler ihre Fähigkeiten im Musizieren, Jonglieren, Dressieren, Zaubern usw. darbieten.

Sehenswertes

🏛 **113** Shipwreck Treasures Museum, 1 Whitehead Street, Tel. 305-2928998, geöffnet: tgl. 9.40-17 Uhr, Eintritt $ 15,05, www.keywestshipwreck.com

★ **114** Aquarium, 1 Whitehead Street, Tel. 888-5445927, geöffnet: tgl.

10-20 Uhr, Eintritt $ 15,05, www.keywestaquarium.com

🏛 **115** Little White House, 111 Front Street, Tel. 305-2949911, geöffnet: tgl. 9-16.30 Uhr, Eintritt $ 16,13, www.trumanlittlewhitehouse.com

🏛 **116** Wohnhaus von Ernest Hemingway, 907 Whitehead Street, Tel. 305-2941136, geöffnet: tgl. 9-17 Uhr, Eintritt $ 13, www.hemingwayhome.com

Unterkunft

🏨 **117** The Reach Resort $$$$, 1435 Simonton Street, Tel. 305-2965000, www.reachresort.com. Sehr luxuriöses, leider auch teures Haus, das aber über einen eigenen Strand verfügt und in fußläufiger Entfernung zur Stadt liegt.

🏨 **118** Hibiscus Motel $$$, 1313 Simonton Street, Tel. 305-2943763, www.bestwestern.com. Ebenfalls gute Lage. Mit kleinem Pool im Innenhof und großen Zimmern.

Kulinarisches

🍴 **119** El Meson de Pepe $$, 410 Wall Street, Mallory Square, Tel. 305-2952620, www.elmesondepepe.com, geöffnet: tgl. ab 11 Uhr. Hier am Mallory Square kann man kubanische Küche mit authentischem Flair genießen und die Zigarren werden noch von Hand gerollt.

Shopping und andere Aktivitäten

Das Angebot zum **Einkaufen** ist gigantisch. Von allen Arten von Bekleidung, z. T. mit anzüglichen Sprüchen, über Bilder, Bildhauerkunst, Kunstgewerbe bis zu Schmuck und Schnickschnack ist hier fast alles zu bekommen.

Tagsüber bieten verschiedene Veranstalter **Tauch- und Schnorcheltouren** zu den Riffen vor der Küste an. Wer mag, kann abends eine Sunset Cruise mit dem Katamaran unternehmen (www.furycat.com).

Praktische Reisetipps

An- und Rückreise

Handelt es sich bei Miami um den ersten Ort, an dem man amerikanischen Boden betritt, kommt man am **Miami International Airport** an, der von allen großen internationalen Airlines angeflogen wird. Nach dem Passieren von Immigration und Zollkontrolle (s. S. 106) gibt es neben der Anmietung eines Mietwagens (s. S. 99) noch mehrere andere Möglichkeiten, um in die Stadt oder zum gebuchten Hotel zu kommen.

> **Miami International Airport**, MIA, www.miami-airport.com, Tel. 305–8767000

049mi Abb.: ho

An den Ground Levels der Terminals D, E, H und J des Flughafens starten die **Shuttlebusse großer Hotels**, die regelmäßig pendeln. Im Idealfall hat man bereits eine Hotelbuchung. Falls nicht, kann man dies aber auch noch vom Flughafen aus erledigen, z. B. über die kostenlosen Hotline-Telefone in der Ankunftshalle, oder man lässt sich zum Hotel fahren und nimmt dann ein freies Zimmer, was aber mit einem Risiko verbunden ist! Die Hotel-Shuttles sind kostenlos. Kostenpflichtig sind hingegen die Shuttlebusse von **American Shuttle**. Sie fahren zu Zielen im Großraum Miami und kosten ab $ 11 pro Person.

An allen Ankunftshallen halten auch **Taxis** verschiedener Gesellschaften. Für bestimmte Ziele gilt eine Flatrate (etwa $ 32 nach Miami Beach), während andere nach Taxameter abgerechnet werden (s. S. 127).

◁ *Vorseite: Alligatoren gibt es in Miami überall – also aufpassen!*

▷ *Hier geht es zum Abflugterminal und zur Gepäckausgabe*

Auch der **ÖPNV** (s. S. 126) hat Möglichkeiten zu bieten: Z. B. kann man den **Airport Flyer Metrobus,** auch **Beach Flyer** genannt, nutzen, der außer einem Stopp an der Earlington Heights Metrorail Station nach Miami Beach (auch South Beach) und Downtown fährt. Dieser Bus (Linie 150) fährt vom Concourse E ab dem Lower Level täglich zwischen 6 und 23 Uhr im halbstündigen Takt. Die Tickets kosten $ 2,35 (Barzahlung).

Alternativ gibt es den **Metrobus,** der mit den Linien 37, 42, 57, J, East-West-Connection und Airport-Tri-Rail Station Shuttle (133) zu verschiedenen Punkten in Miami-Dade-County fährt. Die oben genannten Linien bieten jeweils Anschluss an nahegelegene Metrorail-Stationen. Die Busse fahren ebenfalls zwischen 6 und 23 Uhr, allerdings nur an Werktagen. Das Ticket kostet $ 2 und kann entweder bar oder mit der Easy Card bzw. dem Easy Ticket (s. S. 126) bezahlt werden.

Wer lieber auf der Schiene unterwegs ist, hat drei Möglichkeiten: Metrorail, Metromover und Tri-Rail. Beim **Tri-Rail** gibt es aber eine schlechte Nachricht. Die Airport Station dieses Zugs, der parallel zur I95 von Norden nach Süden fährt, ist seit September 2011 für etwa zwei Jahre stillgelegt. Wer mit dem Tri-Rail fahren möchte, muss deshalb zunächst mit dem Shuttlebus 133 zur Hileah Market Station fahren. Der **Tri-Rail** eignet sich aber vorwiegend für Fahrten außerhalb Miami-Dade, also mindestens bis Fort Lauderdale, was $ 5 kostet.

Anders die **Metrorail**, die ab der Station Earlington Heights bestiegen werden kann (dorthin mit Metrobus 17, 22, 150). Von der Metrorail kann man im Bereich etwa zwischen der US395 und dem Financial District an verschiedenen Stationen in den **Metromover** umsteigen. Diese elektrische und ferngesteuerte Bahn fährt täglich zwischen 5 Uhr und Mitternacht auf einer Hochtrasse durch Downtown.

Ausrüstung und Kleidung

Bei der Bekleidung darf grundsätzlich ganzjährig Sommerliches ins Gepäck. Wer leicht kälteempfindlich ist, packt einen Pullover, eine Strickjacke oder ein Sakko ein, denn erstens ist es in Malls und vielen Restaurants stark klimatisiert und zweitens kühlt es sich im Herbst, Winter und Frühjahr abends oft ab. Gepaart mit Wind kann dies dann ein leichtes Fröstelen hervorrufen. Smart Casual gilt für jeden (Urlaubs-)Anlass als okay, außer man möchte in einen der angesagten Clubs. Dann sind Sneaker ebenso wie T-Shirts (meist sogar Polos) ein Tabu. Ein ordentliches Hemd mit Kragen, Hose (manchmal auch keine Jeans) mit Gürtel sowie geputzte Schuhe sind für Ihn angemessen, für Sie darf es gerne ein kurzes Kleid/Rock sein, auf jeden Fall aber Highheels (je höher, desto besser).

Sollte sich unterwegs herausstellen, dass irgendetwas fehlt, ist dies kein Problem, denn die Geschäfte haben lange geöffnet.

Bei der Ausrüstung muss eigentlich nichts beachtet werden, außer dass genügend Sonnen- und Insektenschutz (bei Bedarf) vorhanden ist. Beides kann man aber problemlos vor Ort kaufen.

Auf keinen Fall darf man allerdings Ladegeräte vergessen, sofern man elektronische Geräte mitnimmt, denn der europäische und amerikanische Standard dieser Geräte ist nicht immer kompatibel. Für den Anschluss elektrischer Geräte ist zudem ein Adapter notwendig, da die Steckdosen nicht der europäischen Norm entsprechen.

Autofahren

Die meistgenutzte Möglichkeit, um Miami zu erkunden, ist der **Mietwagen**. Man sollte schon langfristig im Voraus buchen, denn hier gilt die Devise, je früher, desto günstiger. Je nach Wunsch gibt es vom Kleinwagen über Mittelklassefahrzeuge bis hin zu Luxuswagen alles, was Räder hat, inklusive der sehr beliebten Cabrios *(convertible)* und den gern gebuchten SUVs (also Geländewagen). Aber braucht man die? Reicht nicht ein Kleinwagen, schließlich bewegt man sich überwiegend in der Stadt? In den USA hat das Wort „Platz" eine ganz andere Bedeutung als in Europa und wer vom Norden Miamis in die äußersten Süden des Stadtgebietes fährt, kann schnell mal 50 Meilen unterwegs sein, was etwa 80 Kilometern entspricht. Solche Touren unternimmt man meist auf **vielspurigen Highways,** auf denen (fast) alle anderen Fahrer mit großen und noch größeren Fahrzeugen unter-

050mi Abb.: ho

wegs sind. Da wird dem Kleinwagenfahrer schon manchmal mulmig. Aber zumindest bei den Parkplätzen hat man als Kleinwagenfahrer doch wohl Vorteile? Leider nein, denn auch die sind auf große Karossen ausgelegt, also hat auch der SUV-Fahrer kein Problem, sein Fahrzeug abzustellen – und wenn doch, dann belegt er eben zwei oder mehr Plätze. Allenfalls in **South Beach** kann es zu Engpässen kommen, aber nicht wegen der Größe der Wagen, sondern vielmehr wegen des hohen Verkehrsaufkommens. Jeder möchte hier parken und der Raum ist begrenzt. Findige Grundstücksbesitzer legen mittlerweile auch gerne Parkplätze an, die man gegen Gebühr nutzen kann. Es gibt aber auch eine größere Zahl an **Parkhäusern** (Garage), die man im Internet unter www.miami.about.com/od/transportation/a/beach_parking.htm finden kann. Als Fazit bleibt also: Man nimmt besser ein etwas größeres Fahrzeug, dann schwimmt man gut im Verkehr mit und auch die Mietpreise sind nur unwesentlich höher.

🔲 *Alle angezeigten Preise gelten für eine Gallone Sprit*

In **South Beach** kann man z. B. hier parken:

🅿**120** [F6] **Parkhaus Ecke Collins Avenue/13th Street,** Zufahrt über die 13th Street, etwa 300 Stellplätze

🅿**121** [F6] **Parkplatz Ecke Collins Avenue/13th Street,** Zufahrt von der Collins und 13th Street, etwa 50 Stellplätze

🅿**122** [F7] **Parkstreifen Ocean Drive.** Entlang der Straße gibt es Parkbuchten, in denen man allerdings am besten am frühen Nachmittag einen Platz bekommt.

🅿**123** [F8] **Parkplatz 5th Street,** Zufahrt über Ocean Drive. Am Ende dieser Straße stehen etwa 25 Parkbuchten zur Verfügung.

🅿**124** [E5] **Parkhaus 17th Street,** Zufahrt über Meridian Avenue. Hier gibt es Platz für über 1400 Fahrzeuge.

🅿**125** [F6] **Parkplatz 12th Street/Drexel Avenue,** Zufahrt über die 12th Street. Hier gibt es Platz für gut 150 Fahrzeuge.

Bei der **Anmietung eines Wagens** über das Internet helfen Piktogramme bei der Fahrzeugwahl. Sie geben vor, mit wie vielen Personen und Gepäckstücken das jeweilige Fahrzeug nutzbar ist. Am besten mietet man eine angenehme Größe und hofft dann am Flughafen auf ein Upgrade. Das gibt es immer dann, wenn die bestellte Größe nicht mehr vorrätig ist.

EXTRATIPP

Keep on Rockin'

Was kann schöner sein, als mit einem amerikanischen Wagen unterwegs zu sein und aus dem Radio tönen die Rocksongs der letzten Jahrzehnte? Vor allem die 1980er-Jahre sind stets präsent, aber auch Rockiges, Blues und Reggae aus den 1960er- und 1970er-Jahren. Der beste Sender ist dabei **Big 105.9:** Also FM 105.9 wählen und sich beschallen lassen.

Häufig ist dies bei der Kategorie „Midsize" der Fall, denn die wird, zumindest während der europäischen Ferienmonate, am liebsten gebucht.

Wer für den Aufenthalt in Miami ein Auto mieten möchte, muss bestimmte **Kriterien** erfüllen: Man muss **mindestens 21 Jahre** alt sein, eine **Kreditkarte** besitzen und am besten auch einen **internationalen Führerschein.** Ist man jünger als 21 Jahre, wird eine Extra-Kaution verlangt, dies gilt bei einigen Unternehmen auch bis zum 23. Lebensjahr. Der internationale Führerschein wird von einigen Vermietstationen neben dem nationalen Führerschein verlangt, bei Kontrollen durch die Polizei reicht in der Regel der nationale aus. Am günstigsten ist es, den Wagen möglichst frühzeitig über das Internet zu buchen. Aber auch Reiseveranstalter bieten dies an. Die Raten für ADAC-Mitglieder sind oft günstiger. Manchmal sind Versicherungen im Mietpreis enthalten, zumindest aber die **CDW (Collision Damage Waiver)**, eine Art Haftpflichtversicherung. Andere Versicherungen kann man dazubuchen.

Man sollte sich vor dem Fahrtantritt unbedingt den Weg zum ersten Ziel erklären lassen und ihn auf einem Stadtplan (gibt es bei Anmietung) einzeichnen. Wer dann noch Fragen hat, kann direkt bei der Ausfahrt vom Gelände (bei der Kontrolle der Fahrzeugdaten) erneut nachfragen.

Übrigens sind die Fahrzeuge mittlerweile perfekt und mit diversen **Spielereien** ausgestattet. Häufig fehlt aber die Bedienungsanleitung, was zu Problemen führen kann, wenn man versucht, alle Möglichkeiten des Mietwagens zu testen. So ist manchmal in der Ummantelung des Innenspiegels ein roter Knopf mit Herzsymbol angebracht. Kurz gedrückt und

schon ist das Radio aus und aus dem Lautsprecher ertönt eine besorgte, aber dennoch freundliche Stimme: „You pressed the button. What is the problem?" Mittels eines solchen Knopfes ist man nämlich direkt mit einer Rettungsstation verbunden, die bei z. B. Herzinfarkten binnen Minuten per Helikopter eingreifen kann.

Autoversicherungen

Als Mieter ist man zunächst für alle Schäden verantwortlich, die am Fahrzeug auftreten. Einzig Schäden, die durch Naturkatastrophen oder nicht unfallbedingtes Feuer entstehen, sind nicht vom Mieter zu verantworten. Gegen alle anderen Risiken sollte man sich absichern. Die wichtigste Versicherung bzw. der wichtigste Zusatzvertrag ist die **CDW (Collision Damage Waiver)**, die den Haftungsausschluss bei Beschädigungen am Fahrzeug (z. B. durch Unfall) garantiert. Manchmal gilt sie auch im Fall des Totalverlusts (z. B. durch Diebstahl), sonst hilft hier die **LDW (Loss Damage Waiver)**. Ob die CDW den Verlust mit abdeckt, hängt vom Vermieter ab. Schäden, die man selbst verursacht (z. B. bei einem Unfallgegner) werden von einer **LIS (Liability Insurance Supplement)**, auch **SLI (Supplemental Liability Insurance)** oder **EP (Extended Protection)** genannt, reguliert. Sie übernimmt i. d. R. auch Kosten für einen Rechtsstreit und die Kosten, wenn ein Unfallgegner nicht oder nicht ausreichend versichert ist. Mietet man daheim bei großen Anbietern, sind CDW und/oder LDW normalerweise im Preis enthalten, einige Veranstalter bieten ebenfalls einen gewissen EP-Schutz, doch ist dieser nicht immer ausreichend. Verschiedene Kreditkarten bieten ihren Kunden ebenfalls ein Rundumpaket an Versicherungen an, wenn man die Karte nutzt. Man sollte aber auch hier genau prüfen, wie umfassend dieser Schutz ist.

Wer dann noch mehr machen möchte, kann die **PAI** (**Personal Accident Insurance**) buchen, die Personenschäden beim Fahrer und seinen Angehörigen ausgleicht. Und einige Anbieter haben auch den optionalen **RSP** (**Roadside Plus**) im Programm, eine Art Schutzbrief gegen Probleme mit dem Fahrzeug, wenn man unterwegs z. B. eine Panne hat.

Beschilderung und Verkehrsregeln

Die Straßen werden unterschieden in **Interstate Highways** (Autobahnen, die den Staat durchziehen), **State Roads** (in etwa Stadtautobahnen) und **County Roads** (Landstraßen). Im Ort gilt meist eine **Geschwindigkeitsbegrenzung** auf 20 bis 35 mph (also knapp 50 km/h), außerorts auf 55 bis 65 mph (also knapp 90 bis gut 100 km/h) und manchmal auch 75 oder 95 mph (also bis zu 120 km/h). An Schulen wird die Geschwindigkeit zeitweise auf 15 mph (knapp 25 km/h) begrenzt. Dies wird durch Schilder wie „15 mph when lights are flashing" angezeigt: Die Geschwindigkeit muss in diesem Fall auf 15 mph gedrosselt werden, wenn eine Lichtanlage in einem großen Warnschild blinkt.

Speeding, also zu hohe Geschwindigkeit, führt schnell zum Konflikt mit der Polizei. Wird man angehalten, sollte man möglichst rasch rechts an den Rand fahren, allerdings nur, wenn man dort gut halten kann. Die Polizei hält hinter dem eigenen Fahrzeug und der Officer wird von hinten an das linke Seitenfenster herantreten. Man muss unbedingt im Wagen bleiben und die Hände gut sichtbar halten (gleiches gilt für Mitfahrer). Man sollte auch erst nach den Papieren kramen, wenn man dazu aufgefordert wird. Wenn die Papiere sich z. B. im Handschuhfach *(glove box),* auf der Rückbank *(back seat)* oder im Kofferraum *(trunk)* befinden, sollte man dem Polizisten dies mitteilen, vor allem, wenn man aussteigen muss, um sie zu holen. Im anderen Fall kann das eigene Verhalten leicht fehlgedeutet werden, denn die Polizei ist stets auf Angriffe vorbereitet. Im Fall der Fälle kann man mit Höflichkeit, entsprechenden Erklärungen, Einsicht und einer Entschuldigung manchmal einer Strafe entgehen.

Die **Straßenschilder** ähneln den uns bekannten, aber es gibt Ausnahmen wie z. B. bei **Stoppschildern** *(stop signs).* Wie bei uns ist ein voller Stillstand des Fahrzeugs notwendig, aber an etlichen Stoppstraßen gilt diese Regel für alle Richtungen, dabei handelt es sich um den sogenannten *4-way-stop.* In diesem Fall muss jedes Fahrzeug aus jeder Richtung anhalten. Wer zuerst gehalten hat, darf dann auch als erster die Kreuzung passieren.

Unterwegs sollte man Schilder mit der Aufschrift **„stay in your lane"** beachten: Spurwechsel sind hier unerwünscht und man muss zum Überholen nicht links fahren, sondern kann dies auch bequem rechts tun. Dies ist wichtig zu wissen, denn z. B. können Autobahnausfahrten auch von der linken Spur abzweigen. Vor Ab-

▷ *Ein Oldtimer in South Beach – Nostalgie pur*

fahrten oder Abbiegungen findet man den Hinweis „**right lane must turn right**", was bedeutet, dass man ab dem Schild nur noch dann in der rechten Spur sein sollte, wenn man auch abbiegen will. Überlegt man es sich zu spät oder fährt man nach einem Irrtum über die weiße Schraffur (darf nie überquert werden!) auf dem Asphalt zurück auf die Straße, kann man ein Strafmandat kassieren.

An den meisten roten Ampeln darf man auch rechts abbiegen, außer beim Hinweis „**no turn on red**". Obwohl **Ampelanlagen** eine dritte Farbe anzeigen können, erfolgt der Wechsel von Rot auf Grün übrigens ohne die Zwischenstufe Gelb. Rote Ampeln *(red lights)* und Stoppschilder müssen aber dringend beachtet werden.

„**No U-Turn**" bedeutet, dass man nicht wenden darf, während „U-turn" darauf hinweist, dass dies hier ausdrücklich erlaubt ist.

Parken und halten darf man überall, solange die Bordsteine nicht rot markiert bzw. ein Hydrant oder eine Bushaltestelle am Rand sind. Fast immer ist dies dann eine sogenannte *tow-away zone*, d. h. Falschparker werden gnadenlos abgeschleppt. Ansonsten regelt die Beschilderung die mögliche Länge der Parkdauer und eventuell zu zahlende Kosten. In Miami South Beach muss fast überall ein Parkschein aus dem Automaten gezogen werden und dafür braucht man viele Quarter (25-Cent-Münzen).

Ganz wichtig ist die Beachtung von **Schulbussen**. Stoppen sie am Straßenrand, zeigen sie entweder das Warnblinksignal und dürfen dann von hinten nicht überholt werden oder gar ein seitlich ausgeklapptes Stoppschild und dürfen dann aus keiner Fahrtrichtung passiert werden.

Muss man sich **nach dem Weg erkundigen**, fährt man am besten zu einem Motel, einer Tankstelle oder einem größeren Geschäft. Dies gilt vor allem für nächtliche Fahrten und wenn man in augenscheinlich heruntergekommenen Vierteln unterwegs ist. Letzteres passiert in Miami ganz schnell, denn die Viertel von Armen und Reichen sind nah aneinander und die Arbeitslosenquote ist sehr hoch. Letzteres schafft ein gutes Klima für **Kleinkriminalität**, also Diebstahl, auch aus Fahrzeugen.

Autos brauchen „Sprit", in Miami ist das fast immer **Benzin**, das an Tankstellen überall zur Verfügung steht, und zwar in den Sorten **Regular** (87 Octan), **Plus** (89 Octan) und **Premium** (92 Octan). Fast alle Miet-

051mi Abb.: ho

wagen fahren mit dem vergleichsweise günstigen *Regular*. Im Normalfall muss man vor dem Tankvorgang an der Säule seine Kreditkarte eingeben – häufig wird nach dem *postal code,* der heimischen Postleitzahl, gefragt (die deutsche funktioniert, denn sie ist auf der Karte codiert) – oder man zahlt vorher an der Kasse *(prepay),* d.h. man gibt entweder seine Kreditkarte ab oder hinterlässt eine gewisse Summe Bargeld. Dann erst schaltet der Kassierer die Säule frei. Nun entnimmt man die Zapfpistole, hebt den *nozzle* an (darin liegt die Zapfpistole) und dann startet das Betanken. Für all diesen Aufwand muss man aber nur wenig zahlen, denn im Frühjahr 2012 kostete die Gallone (ca. 4 Liter) unter 3 Euro!

Sicherheitstipps für Autofahrer

Als es in den 1990er-Jahren zu verschiedenen Überfällen auf Touristen kam, nahm man an, Touristen würden gezielt ausgesucht, da ihre Fahrzeuge leicht an Mietwagenaufklebern erkennbar waren. Daraufhin führten die Behörden Veränderungen ein, die die Sicherheit steigerten. Mietwagen sind von außen heute nicht mehr leicht als solche erkennbar. Trotzdem sollte man sich aber vor Fahrtantritt **mit der Route und dem Ziel vertraut machen**, sodass man unterwegs nicht nachfragen muss. In **unbekannten Vierteln**, die zudem noch heruntergekommen wirken, sollte man sich bemühen, ohne Umwege den nächsten großen Highway zu erreichen, auch wenn er nicht in die gewünschte Richtung führt. Ab- und Auffahrten gibt es überall. Dazu ist es wichtig, die **Himmelsrichtung** zu kennen, denn alle Straßen in Miami verlaufen von Osten nach Westen

bzw. von Norden nach Süden. Im Osten ist das Meer und im Westen erreicht man irgendwann die Everglades **21**. Fast alle Fahrzeuge besitzen im Display eine **Richtungsanzeige** (S = South/Süden; N = North/Norden; W = West/Westen; E = East/Osten, hinzukommen SW, SE, NE und NW). Wenn man doch an einer Tankstelle nach dem Weg fragen muss, sollte man sich darauf einstellen, dass nicht jeder Englisch spricht. Spanisch ist so weit verbreitet, dass man in verschiedenen Vierteln damit viel besser zurechtkommt.

Straßen sind aber generell gut beschriftet und spätestens an Kreuzungen findet man Schilder. Man sollte sich möglichst schon vom Autovermieter eine Karte oder gegen Aufpreis ein Navigationsgerät (hier GPS genannt) geben lassen. Alle touristisch interessanten Punkte sind zudem gut lesbar an den Zufahrtsstraßen ausgeschildert.

Kaum ist das Fahrzeug in Bewegung, **verriegeln sich die Türen automatisch**, und öffnet man mit der Fernbedienung, muss man bei einigen Modellen sogar mehrfach drücken, um alle Türen zu entriegeln. Alles im Dienste der Sicherheit!

Taschen und andere **Gepäckstücke** sollten nie sichtbar im Innenraum liegen, möglichst auch nicht während der Fahrt. Man gibt sich sonst als Ortsunkundiger zu erkennen. Sollte man durch Handzeichen auf irgendetwas am Fahrzeug hingewiesen werden, sollte man versuchen, zur nächsten Tankstelle oder zur Polizei zu fahren. Dort kann der Sachverhalt geklärt werden. Und im Fall eines **Überfalls?** Gegenwehr nützt meist nichts! Man sollte sich möglichst passiv verhalten, besonders dann, wenn Schusswaffen im Spiel sind.

Barrierefreies Reisen

Auch für Menschen mit körperlichen Behinderungen bietet sich Miami durchaus als Reiseziel an. Die **Gehwege** in der Stadt sind z. T. abgesenkt und somit rollstuhltauglich und an vielen Stellen stehen auch spezielle, behindertengerechte **Parkplätze** zur Verfügung.

Fast alle Hotels sind auf Rollstuhlfahrer eingerichtet, zudem gibt es auch in Malls behindertengerechte Toiletten. Es gibt sogar eine zeitlich begrenzte Parkgenehmigung für behinderte Menschen (Temporary Disabled Parking Permit), die man im Miami-Dade Tax Collector's Office erhält (140 W Flagler Street, 14th Floor, Tel. 305–3755762, geöffnet Mo–Fr 8–16.30 Uhr). Zum Antrag muss neben dem Reisepass auch die außerhalb Miamis geltende Parkberechtigung (in diesem Fall aus Europa) vorgelegt werden. Angeblich reicht es aber den meisten Polizisten, wenn man die deutsche Parkberechtigung für Behinderte gut sichtbar im Fahrzeug anbringt.

Öffentliche Transportmittel sind ebenfalls weitgehend behindertengerecht, d. h. mit Rampen und zwei Rollstuhlplätzen sowie Aufzügen in den Bahnhöfen, ausgestattet. Genaue Informationen bekommt man beim Miami Transit System.

Am **Strand** gibt es an verschiedenen Stellen Plankenwege, doch reichen die nicht bis zum Wasser. Im Crandon Park ⑫ (4000 Crandon Boulevard, Key Biscayne, Tel. 786–3366980) und am Haulover Beach (1800 Collins Avenue, North Miami, Tel. 786–3366990) stehen Strandrollstühle zur Verfügung, die gratis benutzt werden können. Allerdings wird eine Kaution verlangt. Da diese Rollstühle nicht unbegrenzt zur Verfügung stehen, ist es ratsam, vorher anzurufen.

Das Parks Department von Miami bietet zudem auch in den **Naturparks** des Großraumes spezielle Angebote für Menschen mit Behinderungen an.

Für Menschen mit einer **Sehbehinderung** sieht die Lage leider schlechter aus, denn in Miami gibt es weder Markierungen für Blindenstöcke noch Tonsignale an Ampeln oder öffentlichen Verkehrsmitteln. Man ist hier also leider auf sich allein gestellt.

Diplomatische Vertretungen

●**126** [C8] **Generalkonsulat der Bundesrepublik Deutschland,** 100 N. Biscayne Blvd., Suite 2200, Downtown, Tel. 305–3580290 (Mo–Do 8.30–16.30 Uhr, Fr bis 13 Uhr), Bereitschaftsdienst: Tel. 305–2162563. Die Konsular- sowie die Rechtsabteilung sind nach Voranmeldung (für jedes Familienmitglied muss ein Termin vorliegen!) geöffnet. Für alle anderen konsularischen Belange ist das Konsulat Mo bis Fr von 8.30 bis 11.30 Uhr geöffnet.

●**127 Honorarkonsulat der Republik Österreich,** 2445 Hollywood Blvd., Hollywood, Tel. 954–9251100, office@AustrianConsulateMiami.com. Bei Passangelegenheiten muss man zunächst die Botschaft in Washington, DC verständigen (Tel. 202–8956700, www.austria.org), bevor man um einen Termin mit dem Konsulat nachsucht. Öffnungszeiten: nach Vereinbarung.

●**128** [C9] **Konsulat der Schweiz,** The Four Ambassadors, 825 Brickell Bay Drive, Suite 1450, Downtown, Tel. 305–76700, swisscomia@mindspring.com. Öffnungszeiten: nach Vereinbarung.

Ein- und Ausreisebestimmungen

Einreise

Für die **Einreise ohne Visum** benötigt man einen **Reisepass**, der mindestens für die Zeit des Aufenthaltes gültig sein muss. Ist der Pass zwischen Oktober 2005 und Oktober 2006 ausgestellt worden, muss er maschinenlesbar sein, danach ausgestellte Pässe müssen biometrische Daten enthalten. Besitzt man nur einen vorläufigen Reisepass, besteht Visumspflicht. Auch Kinder benötigen einen eigenen Reisepass.

Spätestens 72 Stunden vor dem Abflug muss man sich **online bei den Behörden anmelden** und auf die Genehmigung zur visumfreien Einreise warten (die allerdings keine Garantie für die tatsächliche Einreisegenehmigung ist, die der jeweilige Immigration Officer am Flughafen erteilt). Dazu muss man das sogenannte **ESTA-Formular** ausfüllen (https://esta.cbp.dhs.gov/esta/esta.html?language=de). Dabei muss man einige Fragen beantworten und Abreise- und Zielort sowie die Flugnummer und eine Aufenthaltsadresse in den USA angeben (ist eine Rundreise geplant, reicht die erste Hoteladresse oder die Adresse der Mietwagenagentur). Per Kreditkarte zahlt man dann die derzeit 14 $ Gebühr und bekommt wenige Minuten später eine Bestätigung. Die Genehmigung ist dann für zwei Jahre gültig, sofern sich an den Daten nichts ändert, was dann aber ebenfalls online aktualisiert werden kann. Die Bestätigung druckt man aus und nimmt sie zu den Reisedokumenten.

Die **Fluglinien** müssen über jeden Passagier umfassende Informationen an die Heimatschutzbehörde (Homeland Security) melden, dazu gehören Kreditkarteninformationen, Mobiltelefonnummern und alle weiteren Details, die vorliegen.

Bei der Einreise bekommt man vom **Immigration Officer** dann die Aufenthaltsgenehmigung für bis zu 90 Tage. Dazu muss man seine Fingerabdrücke einscannen lassen und es wird ein Foto gemacht.

Wegen der Angst vor neuen/weiteren Terrorangriffen herrschen an allen Flughäfen der USA **sehr strenge Regeln**. Die Behörden verstehen wenig Spaß, deshalb Sonnenbrille ab, egal wie cool man damit aussieht, freundlich auftreten, keine Telefongespräche in der Warteschlange führen und keine Fotos oder Videoaufnahmen im Aufenthaltsbereich machen!

Zollbestimmungen

Kurz vor der Ankunft muss im Flugzeug eine **Zollerklärung** ausgefüllt werden, die pro reisender Person bzw. pro Familie gilt. Hier wird u. a. abgefragt, ob und in welchem Wert man Waren oder Geschenke in die USA einführt. Bis zu 100 $ ist dies abgabenfrei, genauso alle Waren des persönlichen Gebrauchs, 200 Zigaretten, 50 Zigarren (keine kubanischen), 2 kg Tabak und bei Personen über 21 Jahren auch bis zu 1 Liter Spirituosen.

Reisedokument für Kinder
Seit dem 26. Juni 2012 berechtigen Kindereinträge im Reisepass der Eltern das Kind nicht mehr zum Grenzübertritt. Somit müssen alle Kinder ab Geburt bei Reisen ins Ausland über ein eigenes Reisedokument verfügen.

Landwirtschaftliche Produkte wie frisches Obst oder Gemüse sowie Fleisch- und Wurstwaren unterliegen strengen **Quarantänebestimmungen,** d. h. dürfen nicht eingeführt werden. Häufig helfen Zollhunde beim Aufspüren solcher Dinge. Der Sinn ist, das Einschleppen von Erregern oder Schädlingen aus anderen Teilen der Welt zu verhindern.

Ausreise

Airlines empfehlen, etwa **drei Stunden vor dem Abflug** am Flughafen zu sein. Dies ist den strengen Sicherheitsregeln geschuldet, die seit dem 11. September 2001 gelten. Beim Check-in am Schalter der Fluggesellschaft bekommt man Bordkarten und Gepäckscheine, danach geht es zum **Security Check.** Hier kann es dauern und auch der Hinweis auf den kurzen Zeitraum bis zum Abflug wird in aller Regel mit dem Satz „You might miss your flight, Sir". („Es kann sein, dass Sie Ihrem Flug verpassen, Sir.") beantwortet. In Miami gab es bis vor Kurzem die sogenannten „Nacktscanner". Derzeit werden sie nicht mehr genutzt, ob und wann sie wieder eingesetzt werden, bleibt abzuwarten. In jedem Fall gibt es aber die bekannten „Rahmen", durch die man gehen muss, um danach abgetastet zu werden. Zuvor gilt: Schuhe aus, Gürtel, Uhren und Schmuck abnehmen und genau wie Laptops und Handgepäck separat scannen lassen. Eventuell erfolgt dann noch ein Check per Hand, wenn das Gerät keine eindeutigen Ergebnisse zeigt, und manchmal werden auch noch Wischproben von Taschen genommen, um chemische Substanzen aufzuspüren. Kommt es zu einem (Probe-)Alarm am Security Point, heißt es meist nur

knapp „freeze", was soviel wie „keine Bewegung" bedeutet. Dann gilt es, Ruhe zu bewahren und die Sicherheitsbeamten nicht anzusprechen, denn die sind hochgradig angespannt. Manchmal gibt es am Gate noch weitere Kontrollen.

Elektrizität

Die Spannung beträgt in den USA **110 Volt,** also müssen alle Elektrogeräte mit einer manuellen Umschaltmöglichkeit versehen sein bzw. sich automatisch umschalten (wie bei Ladegeräten von Telefonen und Kameras). Erkennbar ist dies an dem Aufdruck 110–230 V. Für die USA benötigt man außerdem einen **Steckeradapter.**

Geldfragen

Die Währung in den USA ist der **US-Dollar** ($), der in 100 Cents unterteilt ist. Der Dollar wird in Scheinen in einer Stückelung zu $ 1, 5, 10, 20, 50 und 100 ausgegeben sowie in Münzen zu 1 Cent *(penny),* 5 Cents *(nickel),* 10 Cents *(dime)* oder 25 Cents *(quarter).*

Im Alltag benötigt man viele **quarter** (z. B. für Parkuhren, Automaten etc.) sowie Dollar-Scheine, allerdings in nicht zu großem Nennwert. So reichen in der Regel 1- bis 20-Dollar-

Wechselkurse

Stand: März 2013
$ 1 = 0,77 €/0,94 SFr
1 € = $ 1,30
1 SFr = $ 1,06

Geldfragen

Scheine, da größere Werte oft nicht gewechselt werden können. Dies liegt u. a. am Bezahlen mit **Kreditkarten,** welche die gebräuchlichsten Zahlungsmittel sind. Weit verbreitet sind American Express (AMEX), Visa und MasterCard. Egal ob im Restaurant, beim Eintrittskartenkauf, an Tankstellen, in Hotels oder bei Autovermietern – ohne „Plastikgeld" läuft wenig. Bei Autovermietern sogar fast nichts, außer man kann z. T. hohe Kautionen hinterlegen.

Wem dies System zu unsicher ist, der kann auch in den USA seine **EC-Karte** nutzen. Wenn sie mit dem **Maestro-Logo** versehen ist, kann man an kompatiblen ATMs (Geldautomaten,

EXTRATIPP

Umsatzsteuer (Sales Tax)

Anders als in Deutschland werden alle Preise zunächst **ohne Umsatzsteuer angegeben** und erst beim Bezahlen wird die Steuer **addiert.** Sie beträgt in Florida zurzeit 6 %, jeder Verwaltungsbezirk kann dazu noch eigene Taxes erheben.

Ein Beispiel: Zu den 6 % Umsatzsteuer addiert sich in Miami Beach bei Übernachtungen und in Restaurants eine **Resort Tax** von 3 %. In Surfside sind dies schon 4 %, ebenso in Bal Harbour und Miami-Dade. Hinzukommt in allen genannten Bezirken eine **Local Sales Tax** von 1 % sowie in Miami Beach eine **Convention Development Tax** von 3 % und in Miami-Dade eine

Professional Sports Franchise Facility Tax. Die beiden letztgenannten Steuern werden nur bei Übernachtungen fällig. Bis auf Miami-Dade, wo nur 1 % auf Essen und Trinken außerhalb von Hotelrestaurants und 2 % innerhalb von Hotels aufgeschlagen wird, nehmen alle drei anderen jeweils 2 % darauf. Alles verstanden? Nein? Hier die **Quintessenz:** Addieren Sie 13 % auf Zimmerpreise in Miami Beach und Miami-Dade sowie 11 % in Surfside und Bal Harbour. In Restaurants kommen 2 % auf den Rechnungsbetrag, während alle anderen Waren mit zusätzlich mindestens 6 % zu Buche schlagen.

Miami preiswert

Der **Metromover** bringt einen täglich zwischen 5 Uhr und Mitternacht gratis auf einer Hochtrasse durch den Bereich Downtown. Eine Option, um viele interessante Punkte in Miami kennenzulernen, dafür aber nicht Unmengen an Eintrittsgeldern ausgeben zu müssen, ist die **GO Miami Card.** Man kann sie als Tageskarte oder mit einer Gültigkeit von bis zu sieben Tagen kaufen. Sie wird beim Besuch der ersten Sehenswürdigkeit aktiviert (innerhalb von 14 Tagen ab Kauf) und gilt ab dann für den im Voraus gebuchten Zeitraum. Die Karte bekommt man im Internet (www.SmartDestinations.com, Rabatte!) oder man erhält sie im Miami Beach Visitors Center (s. S. 110). Die Tageskarte kostet $ 65 (Kinder $ 55), die 7-Tage-Karte derzeit $ 240 (Kinder $ 190). Hinzukommt eine Abholgebühr in Höhe von $ 4.

Bei verschiedenen Sehenswürdigkeiten kann man auch sparen, wenn man einen **internationalen Studentenausweis** besitzt.

Early Birds, also recht früh zum Abendessen erscheinende Gäste, be-

automatic teller machines) nach Eingabe der PIN Bargeld ziehen. Einige deutsche Banken (v. a. die Postbank) statten ihre Geldkarten allerdings nicht mehr mit der Maestro-, sondern der Bezahlfunktion „**V-Pay**" aus, bei der nicht der kopierbare Magnetstreifen, sondern der Chip gelesen wird. Das hat zur Folge, dass an Bankautomaten außerhalb der EU mit der V-Pay-Karte kein Geld gezogen werden kann, da die Automaten die Chips nicht lesen können.

❯ **Weitere Infos** unter www.vpay.de

Informationsquellen

Infostellen zu Hause

❯ **Florida Versandhaus,** c/o Presse- und Touristikdienst, Sporthallenstr. 7, 64850 Schaafheim, visitflorida@aol.com. Hier kann man allgemeine Broschüren zu Florida anfordern.
❯ **Kocherscheidt Kommunikation,** Pickhuben 5, 20457 Hamburg, Tel. 040 360062891, miami@k-komm.de. Bei

der Vertretung des Greater Miami Convention & Visitors Bureau kann man aktuelle Broschüren bekommen.

Infostellen in der Stadt

In den **Touristeninformationen** Miamis erfährt man alles Wissenswerte zu Hotels, Sightseeing und Shopping und bekommt Stadtpläne, Broschüren und Restaurantempfehlungen. Zudem gibt es Informationen zu öffentlichen Verkehrsmitteln. Grundsätzlich gibt es aber auch in **Hotels** und **Motels** Broschüren und Stadtpläne und an der Rezeption hilft man einem mit vielen Tipps weiter.

❶**129** [F7] **Art Deco Welcome Center,** 1001 Ocean Drive, South Beach, Tel. 305–6722014, www.mdpl.org. Hier bekommt man auch Poster, T-Shirts, Bücher, Postkarten, Schmuck und Bakelitschatullen (als typischer Werkstoff der Ära) sowie viele andere Memorabilien.
❶**130** [C9] **Greater Miami Convention & Visitors Bureau,** 701 Brickell Avenue, Suite 2700, Downtown, Tel. 305–5393084, www.miamiandbeaches.com

kommen in aller Regel günstigere Preise, während man an der Bar bei Drinks vor allem zur **Happy Hour** *von preiswerten Getränken profitieren kann. Sparen kann man auch mit* **Seniorenmenüs** *oder* **Kinderportionen,** *die fast überall für jeden zu bekommen sind.*

Die Betten in den **Motels** *sind in aller Regel so groß, dass man mit bis zu vier Erwachsenen in einem Zimmer wohnen kann. Im Zweifelsfall vorher nachfragen. Der Preis wird stets für das Zimmer berechnet.*

In den Hampton Inns (s. S. 124) gibt es täglich ein im Zimmerpreis enthaltenes Frühstück. Zudem werden bis ca. 9.30 Uhr Tüten bereitgestellt, die Äpfel, Wasser und Müsliriegel enthalten. Diese Packs sind für Hausgäste, die ohne Frühstück aufbrechen müssen, man kann sie aber auch als Snack für den Tag nutzen.

Wenn im **New World Center** *(s. S. 49) Konzerte stattfinden, werden sie meist nach außen auf Videowände übertragen. Solche Ereignisse kann man kostenlos verfolgen.*

131 [E5] **Miami Beach Visitors Center,**
1920 Meridien Avenue, Miami Beach,
Tel. 305–6721270, www.miamibeach
chamber.com

Miami im Internet

› www.miamiandbeaches.com:
Die Website des offiziellen Fremden-
verkehrsverbandes gibt stets aktuelle
Informationen zur Stadt, zu Veranstaltungen, Attraktionen, Unterkünften und
Restaurants.
› www.miami.com listet und kommentiert
vor allem Events und Nightlife und gibt
Restauranttipps.

EXTRATIPP

Zeitungen
In den meisten Hotels/Motels liegen
im Bereich der Lobby täglich ein oder
mehrere aktuelle englischsprachige
Tageszeitungen aus. Bei verschiedenen Hotels gehört es auch zum Service, den Gästen Tageszeitungen auf
das Zimmer zu liefern. Dabei handelt
es sich aber fast immer um die USA
Today.

› www.visitflorida.com: Website für alle
Informationen zum Sunshine State
einschließlich Miami
› www.miamidade.gov/transit informiert
über alle Details zum öffentlichen Verkehr mit Metrobus, Metrorail und
Metromover.
› www.miamigov.com: Die Website der
City of Miami informiert neben den
Bewohnern von Miami auch Touristen
über alle Angebote in der Stadt.
› www.gogaymiami.com: Internetseite
speziell für Schwule und Lesben.

Publikationen und Medien

› Stadtpläne, Broschüren über Unter-
künfte, Restaurants, Shopping und
Sightseeing gibt es in Displays von
Hotels, Restaurants und bei den
Touristeninformationen (s. S. 109).

⌂ *Broschüren bekommt man hier am
Straßenrand gratis, nur bei Tageszeitungen muss man Geld einwerfen*

> **Miami – Greater Miami & The Beaches Travel Planner.** Dieses gut 200 Seiten starke Heft wird regelmäßig aktuell von den Touristeninformationen herausgegeben.

> **Travelhost – Greater Miami Dade.** Das Magazin gibt Tipps zu Restaurants, Nightlife und Sightseeing. Man bekommt es in vielen Hotels.

> **Where – South Florida.** Informatives Heft (vor allem zu Lifestyle, Restaurants und Nightlife), das man in Hotels und im Zeitschriftenhandel bekommt.

> **Time out Miami.** Hier bekommt man im monatlichen Rhythmus Informationen zu angesagten Restaurants, Nightlifespots und vieles mehr.

Internet und Internetcafés

In nahezu allen Hotels und Motels hat man WLAN-Zugänge. Oft kann man sogar vom Zimmer aus im Internet surfen, manchmal auch nur aus der Lobby, wo dann auch Computer (meist mit Drucker) zur Nutzung bereitstehen.

Viele Restaurants bieten ebenfalls kostenloses WLAN an, darunter vor allem **Denny's** und **Starbucks,** sodass man auch in der Nähe der jeweiligen Filialen diese Verbindung nutzen kann.

Unsere Literaturtipps

> Max Allan Collins, **CSI: Miami, In der Hitze der Nacht.** Ein Unbekannter tötet hochrangige Gangster, löst einen Bandenkrieg aus und stellt Horatio Caine und sein Team vor eine schwere Aufgabe. Kurzweiliger Krimi für Freunde der gleichnamigen TV-Serie.

> Cynthia Reschke, Christine Belakhdar, Marion Westerhoff, **Miami Houses.** Ein tolles Fotobuch mit inspirierenden Bildern zu den Häusern der Metropole.

> Wolfgang Seifert, **Urban Inspiration City Miami.** Ein fotografischer Blick in Häuser und aus Häusern, der auch dem ganz neue Eindrücke vermittelt, der Miami zu kennen glaubt.

> Jerry M. Fisher, **The Pacesetter – The untold story of Carl G. Fisher.** Carl G. Fisher lebte den amerikanischen Traum – so könnte man das Leben des Unternehmers beschrei-

ben, der sich für Rennsport, Automobile und Stadtentwicklung begeisterte und berühmte Projekte ins Leben rief, darunter die Indy 500 und Miami Beach. Letzteres brachte ihm den Beinamen „Mr. Miami Beach". Er besaß einst eine kleine Insel vor Miami: das heutige Millionärsparadies Fisher Island.

> Jilliane Hoffman, **Cupido.** Spannender Krimi um die Staatsanwältin C. J. Larson, die in Miami einen Serienkiller zur Strecke bringen soll. In **Morpheus** muss sie erneut ermitteln, denn möglicherweise wurde vor drei Jahren gar nicht der Cupido-Killer verhaftet. Beide Thriller sind um so spannender, weil die Autorin selbst in Florida lebt und früher Staatsanwältin war. Alle juristischen und geografischen Details sind so genau dargestellt, dass man meint, in der Geschichte zu sein.

Maße und Gewichte

Längen

1 inch (in)	2,54 cm
1 foot (ft)	30,48 cm
1 yard (yd) (= 3 feet)	0,91 m
1 mile (= 1760 yards)	1,61 km

Temperaturen

Umrechnungsschlüssel:
(Grad Fahrenheit - 32) x 0,56 = Grad
Celsius, z. B.:

23 Grad F	-5 Grad C
32 Grad F	0 Grad C
50 Grad F	10 Grad C
60 Grad F	15 Grad C
70 Grad F	21 Grad C

Gewichte

1 ounce (oz)	28,35 g
1 pound (= 16 ounces)	453,59 g

Hohlmaße

1 pint	0,47 l
1 quart (= 2 pints)	0,95 l
1 gallon (= 4 quarts)	3,79 l

Flächen

1 square inch	6,45 cm²
1 square feet	929 cm²
1 square yard	0,84 m²
1 acre	4046,80 m²
	(0,405 ha)
1 square mile (= 640 acres)	2,59 km²

Konfektionsgrößen

Herren

Deutsche Bekleidungsgrößen (z. B. 50) minus 10 ergibt amerikanische Größe (40)

❭ Herrenhemden

D	36	37	38	39	40/41	42	43
USA	14	14,5	15	15,5	16	16,5	17

❭ Herrenschuhe

D	39	40	41	42	43	44	45
USA	7	7,5	8	8,5/9	9,5/10	10,5	11,5

Damen

D	36	38	40	42	44	46
USA	6	8	10	12	14	16

❭ Damenschuhe

D	36	37	38	39	40	41	42
USA	5,5	6/6,5	7/7,5	8	9	9,5	10

Kinder

D	98	104	110	116	122
USA	3	4	5	6	6x

❭ Kinderschuhe

D	23	24	25	26	27	28	29	30	31	32	33
USA	6,5	7,5	8,5	9,5	10,5	11,5	12,5	13	1	1,5/2	2,5

Medizinische Versorgung

Große Supermärkte verfügen genau wie Drugstore-Ketten über *pharmacies,* also **Apotheken** (s. S. 30), in denen man rezeptpflichtige Medikamente bekommt. Rezeptfreie Arzneimittel gibt es im Supermarktregal. Aber Obacht, erstens sind die Wirkstoffe nicht immer identisch mit den europäischen, manchmal ist auch die Dosierung unterschiedlich, und dann gibt es Präparate, die in den USA einer Verschreibungspflicht unterliegen, obwohl sie in Deutschland frei verkäuflich sind.

Benötigte Medikamente sollte man in ausreichender Menge mitführen. Handelt es sich um Psychopharmaka o. Ä., ist eine englischsprachige Bescheinigung des Arztes ratsam, um keine Probleme bei Kontrollen bzw. der Einreise zu bekommen.

Ärztliche Untersuchungen oder **Behandlungen** sind bar (oder per Kreditkarte) zu zahlen und teuer. Wenn man einen Arzt konsultieren muss, kann man sich auf der Seite des deutschen Konsulats unter www.germany. info/contentblob/1990990/Daten/ 2330947/rzte_pdf.pdf eine aktuelle Liste deutschsprachiger Ärzte ansehen. Alternativ kann man sich auch im Hotel nach einem Arzt erkundigen oder man fragt beim Apotheker nach.

Um vor hohen Kosten geschützt zu sein, sollte man vor der Reise eine **Auslandsreisekrankenversicherung** abschließen. Mit der Rechnung des Arztes inklusive Diagnose und Behandlung bekommt man dann sein Geld erstattet.

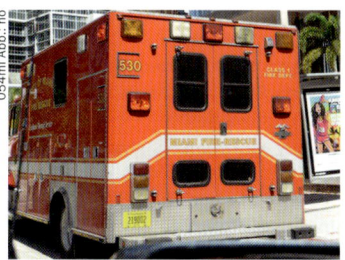

054 mi Abb.: ho

Niedergelassene deutschsprachige Ärzte

⊕ **132** [fh] **Bernd Wollschlaeger,** 16899 NE 15th Ave., Suite B, North Miami Beach, Tel. 305–9408717. Allgemeinmedizin.

⊕ **133** [C3] **Cornelia Dilley,** 3050 Biscayne Blvd, Downtown, Tel. 954–6832300. Allgemeinmedizin.

⊕ **134** [em] **Tanja Moennichmeyer,** 1250 NW 7th St., Miami, Tel. 305–3251658. Augenheilkunde.

⊕ **135** [E2] **Elisabeth Pott-Grinstein,** 4300 Alton Road, Miami Beach, Tel. 305–6742655. Gynäkologie.

⊕ **136 Michael Gregorian,** 13550 N Kendall Dr., Miami, Tel. 305– 3859919. Innere Medizin.

Krankenhäuser

⊕ **137** [co] **Baptist Health South Florida,** 6855 Red Road, Coral Gables, Tel. 786– 6627111, www.baptisthealth.net. Krankenhaus im Süden Miamis.

⊕ **138** [en] **Mercy Hospital,** 3663 S Miami Avenue, Coconut Grove, Tel. 305– 8544400, www.mercymiami.com. Südlich von Downtown.

⊕ **139** [cn] **Miami Children's Hospital,** 3100 SW 62nd Avenue, Miami, Tel. 305–6666511, www.mch.com. Kinderkrankenhaus.

▣ *Kann Leben retten – ein Krankenwagen in Downtown*

Mit Kindern unterwegs

Miami ist für eine Reise mit Kindern ein optimales Ziel. Die Amerikaner sind **kinderfreundlich**, was man z. B. an Selbstverständlichkeiten wie Hochstühlen, Kinderspeisekarten und Spiel- oder Beschäftigungsmaterialien in Restaurants erkennt. In größeren Geschäften oder Malls kann man eigens für Familien mit Kindern entworfene Einkaufswagen finden, die z. B. wie Delfine aussehen und in denen die Kleinen sitzen können. **Kinderbekleidung** gibt es in vielen Geschäften und auch schon niedliche Sachen für sehr wenig Geld. **Spielwaren** kann man bei großen Ketten kaufen (meist aus Plastik). In **Supermärkten** gibt es alle „Ausrüstungsgegenstände", also Windeln, Tücher, Schnuller und was man sonst brauchen könnte.

Größere Kinder haben entweder Spaß am Pool, am Strand oder bei den „Attraktionen" Miamis. Hier stehen z. B. das **Seaquarium ⓫** (mit einem *touch pool,* in dem man Rochen, Seesterne und Seegurken anfassen darf), die **Everglades ㉑** mit ihren Alligatoren, vielen anderen Tieren und abenteuerlichen Wanderwegen, der **Monkey Jungle ⓱** und der **Miami Zoo ⓲** an erster Stelle. Aber auch **Coral Castle ⓮** (hier darf man auch klettern), der **Miami Beach Botanical Garden ❹** und **Key Biscayne** (s. S. 78) sind mit Kindern attraktive Ziele.

Norufnummern

> › **Polizei/Feuerwehr/Notarzt:** Tel. 911
> › **Highway Patrol** (von Notruftelefonen am Straßenrand oder Mobiltelefon): *FHP

Notfälle

Polizei

> ⤳**140** [B7] **Miami Police Headquarters,** 400 NW 2nd Avenue, www.miamipolice.org, Tel. 305–6036640. In den einzelnen Stadtteilen gibt es weitere Polizeistationen, alternativ kann man sich an Polizisten in Streifenwagen wenden.
> › **Allgemeine Rufnummer** (keine Notfallnummer): Tel. 305–5796111

Kartensperrung

Bei Verlust der Maestro-(EC-) oder der Kreditkarte gibt es für Kartensperrungen eine **deutsche Zentralnummer** (unbedingt vor der Reise klären, ob die eigene Bank diesem Notrufsystem angeschlossen ist). In **Österreich** und der **Schweiz** gibt es keine zentrale Sperrnummer, daher sollten sich Besitzer von in diesen Ländern ausgestellten Maestro-(EC-) oder Kreditkarten vor der Abreise bei ihrem Kreditinstitut über den zuständigen Sperrnotruf informieren. Generell sollte man sich immer die **wichtigsten Daten** wie Kartennummer und Ausstellungsdatum **separat notieren,** da diese unter Umständen abgefragt werden.

> › **Deutscher Sperrnotruf** (von den USA aus): Tel. 011–49–116116 oder Tel. 011–49–3040504050

Öffnungszeiten

Anders als in Deutschland gibt es **keine festgelegten Ladenschlusszeiten.** Was einerseits ein Glück für Verbraucher ist, entwickelt sich aber auch ganz schnell zum Fluch, wenn man etwas sucht und möglicherweise vor verschlossenen Türen steht, obwohl

Will man **Post empfangen,** muss nach dem Namen des Adressaten in der Anschrift zunächst die Hausnummer angegeben werden, dann erst die Straße, gefolgt von der Stadt, gefolgt vom Kürzel des Staates und dem *zip code* (Postleitzahl). Als Beispiel die Adresse der Hauptpost: General Mail Facility, 2200 NW 72nd Ave, Miami, FL 33126.

✉ **141** [cl] **General Mail Facility,** 2200 NW 72nd Ave, Tel. 800–2758777, www.usps.com, geöffnet: Mo–Fr von 9–17, Sa von 9–12 Uhr

Geschäfte oder Einrichtungen grundsätzlich auch zu diesen Zeiten geöffnet haben könnten. **Kernzeiten** sind:

> **Ämter:** Mo–Fr 8.30–17 Uhr
> **Apotheken:** Mo–Fr 9–19 Uhr, in Supermärkten auch bis 21 Uhr, als Drugstore tgl. 24 Stunden
> **Banken:** Mo–Fr 9–17 Uhr, einzelne Banken Sa 8–12 Uhr
> **Post:** Mo–Fr 9–17 Uhr, Sa 9–12 Uhr
> **Geschäfte:** Mo–Sa 10–22 Uhr, So 12–18 Uhr

Post

Postkarten und Briefmarken bekommt man in Souvenirshops, das **Porto** nach Europa kostet 70 Cents. Normalerweise muss man mit Transportzeiten von einer Woche rechnen. **Pakete** brauchen etwa sechs Wochen. Für sie muss eine Zollerklärung abgegeben werden, die sämtliche Inhalte aufführt und dann zur Verzollung im Empfängerland führt. Einfuhrfreimengen gelten nur bei direkter Einfuhr im Gepäck des Reisenden.

⌂ *Auch Miamis Post ist im Art-déco-Stil*

Radfahren

Miami liegt nur ca. zwei Meter über dem Meeresspiegel, sodass größere Steigungen nicht vorkommen. Auch aufgrund des günstigen Klimas ist Miami ideal zum Radfahren. Einziges Problem sind die weit auseinanderliegenden Sehenswürdigkeiten und die Tatsache, dass auf den günstigsten Verbindungsstrecken kein Fahrradverkehr gestattet ist. Zumindest im Bereich **Miami Beach/South Beach** bietet sich das Rad aber in jedem Fall als Transportmittel an. Wer kein Rad mitbringt, kann es leihen:

🚲 **142** [F7] **Bike and Roll,** 210 10th Street, Miami Beach, Tel. 305–6040001, www.bikeandroll.com

🚲 **143** [F7] **Deco Bikes,** 723 Washington Avenue, South Beach, Tel. 305–5329494, www.decobike.com. Deko Bikes ist das neue System der Radmiete. Man geht zu einer der über 100 Mietstationen (Fahrradständer mit Automaten) und folgt dem Menü auf dem Display (Mietdauer), zahlt per Kreditkarte (von 4 $ für 30 Minuten bis 24 $ für 8 Stunden) und los geht es. Die Rückgabe kann an einem beliebigen anderen Automaten erfolgen.

Schwule und Lesben

Homosexualität ist in Miami so normal, dass es sogar eine eigene **Chamber of Commerce** (Handelskammer) gibt, die auf ihrer Website die aktuellsten Tipps zu Sightseeing, Nightlife, Restaurants und Hotels gibt. Als deutliches Symbol für Hotels, Restaurants und Bars, die „gay friendly" sind, gilt seit 2008 der **Pink Flamingo**.

144 [F7] **Miami-Dade Gay and Lesbian Chamber of Commerce**, 1130 Washington Avenue, Miami Beach, Tel. 305-6734440, www.gogaymiami.com. Auch Zimmervermittlung in Häusern, die „gay friendly" sind.

Sicherheit

Wie in jeder Großstadt gibt es auch in Miami Risiken. Hier auch dadurch, dass Armut und Reichtum auf vergleichsweise engem Raum zusammenkommen und schon nach einer Kreuzung drastische Unterschiede zu sehen sein können. Miami gilt nach wie vor als eine **Drogenhochburg.** Hinzukommen Probleme durch die multikulturelle Bevölkerung und die hohe Arbeitslosigkeit. Seit den Überfällen auf Touristen im Jahr 1992 ist die **Polizeipräsenz** stark erhöht worden und die Sicherheit hat deutlich zugenommen. Grundsätzlich ist Miami daher nicht unsicherer als andere Städte und Touristen sind meist auch nur in den gut be- und überwachten Vierteln unterwegs.

Dennoch gelten ein paar **Regeln:** Niemals die Zimmertür öffnen, wenn man nicht weiß, wer anklopft. Im Auto immer die Türen von innen verriegeln und die Fenster am besten geschlossen lassen. Abends und nachts möglichst nur in gut besuchten und beleuchteten Gegenden unterwegs sein – dies gilt auch für noch so romantische Parks. State- und National Parks sind gut gesichert, hier kann man auch nachts unterwegs sein.

Doch nicht nur von Kriminellen droht Gefahr. Auch die Natur bietet Probleme. Es gibt zahlreiche **Schlangenarten,** die grundsätzlich giftig sein können, also sollte man sich niemals auf einen umgestürzten Baum oder ins Gras setzen, ohne vorher fest aufgetreten zu haben. Schlangen fliehen dann. Die fotogenen **Alligatoren** können ziemlich schnell werden, selbst wenn sie träge am Gewässerrand liegen. Fünf Meter sind der mindeste Sicherheitsabstand. Und sollte es zu einer **Hurricane-Warnung** kommen, muss man die Anweisungen der Behörden ganz genau beachten!

056mi Abb.: ho

⌂ *Im Fall eines Hurricanes wird man von hier aus evakuiert*

Sport und Erholung

In Miami sind viele Menschen dem Sport und auch der eigenen sportlichen Ertüchtigung sehr zugetan, denn schließlich möchte man bei all dem hier herrschenden guten Wetter seinen durchtrainierten Körper auch gern zur Schau stellen.

Für Touristen bieten sich bei dem vielen Wasser rund um die Stadt in jedem Fall **Bootstouren** an. An den Marinas (Anlegeplätzen) von Miami bieten überall Bootsbesitzer die Möglichkeit, an **Angeltouren** bzw. **Hochseeangeltouren** teilzunehmen. Je nach Saison angelt man unterschiedliche Fische, zu denen neben Marlinen und Schwertfischen auch Haie und Thunfische gehören. Angelt man im Süßwasser bzw. in küstennahen Gewässern, ist eine Lizenz notwendig, die man an den Marinas erwerben kann.

Kanu- und Kajaktouren kann man mit gemieteten Booten z. B. im Biscayne National Park ⑮, in den Everglades ㉑, im Oleta River State Park ⑳ und im Bill Baggs Cape Florida Park ⑬ unternehmen. **Sportbootfahren** kann man in Florida ohne Führerschein, wenn man vor oder am 1. Januar 1988 geboren wurde. Alle Regelungen kann man unter http://myfwc.com/boating/boating-regulations erfragen.

Golf ist ein Sport für „jedermann". Entsprechend groß ist das Angebot an Plätzen, die oft zu großen Hotels gehören. Wer den Sport hier ausüben möchte, sollte sich vorher in den Hotels erkundigen, ob und welche Gebühren anfallen bzw. welches Handicap man haben muss. Die gesamte Ausrüstung kann man vor Ort leihen und/oder in den Outlets sehr günstig kaufen.

Zum **Wandern** (hiking) bieten sich die Everglades ㉑ und andere State Parks an. Hier sind hiking trails ausgewiesen, manche auch als nature trail (also Naturlehrpfad). Sie sind meist als Rundwanderweg (loop) angelegt und man kann auf den Pfaden zwischen einer halben Stunde und mehreren Stunden unterwegs sein. Man sollte unbedingt genügend Wasser mitführen und an Insektenschutzmittel (insect repellents) denken.

Miami ist ohne **Wassersport** nicht vorstellbar. Jeder kennt mittlerweile den herrlichen langen Sandstrand, an dem die bunten Wachhäuser der Rettungsschwimmer (life guard) stehen. **Sonnenbaden** und **Schwimmen** ist beides möglich, wenngleich man

⌂ *Der Bayside Marketplace (s. S. 26) ist Ausgangspunkt vieler Bootstouren*

einiges beachten muss. Viele Strände werden durch Rettungsschwimmer überwacht, andere durch die Polizei. Letztere hat in erster Linie ein waches Auge auf das Alkoholverbot (am Strand) und zugleich auf die Kleidung der Gäste, denn schließlich gilt nach wie vor ein Oben-ohne-Verbot, vom Nacktbaden ganz zu schweigen. Aber an den Stränden Miamis hat ein wenig Toleranz Einzug gehalten, sodass *topless* badende Frauen mittlerweile fast überall anzutreffen sind. Es soll sogar nackt badende Menschen im Süden von South Beach geben und der Haulover Beach (s. S. 54) ist offiziell für FKK freigegeben.

Zwar kann man nicht unmittelbar am Strand vor Miami Beach **tauchen** *(scuba diving)* und **schnorcheln**, sehr wohl aber z. B. im Biscayne National Park ⑮ und mit verschiedenen Veranstaltern an Wracks und Riffen weit vor der Küste bzw. an den Florida Keys. **Wasserski, Parasailing** u. Ä. wird an den Stränden angeboten. Zudem kann man an den Marinas und auf Key Biscayne überall weitere Anbieter finden.

058mi Abb.: ho

◁ *Am Strand kann man allerlei Sportgerät leihen*

Sicherheit am Strand

Die Wellen des Atlantiks laden zum Baden ein, aber man sollte bestimmte Sicherheitsaspekte beachten. Fast alle Strände sind durch **Rettungsschwimmer** be- bzw. überwacht. In Miami gibt es ein **Flaggensystem,** das über die Badesituation informiert. Diese Flaggen sieht man an den Rettungsschwimmertürmen und an den Zugängen zum Strand: **Rot** steht für besondere Gefährdung durch starken Seegang und/oder Strömungen. **Gelb** zeigt an, dass zwar Strömungen vorhanden, aber nicht gefährlich sind. **Grün** bedeutet ruhige See. Trotzdem ist Obacht geboten, denn sogenannte **Rip Currents** oder **Rip Tides** (die sogenannte Kabbelung, unruhiges Wasser mit Wellen aus verschiedenen Richtungen, die sich überlagern) können unverhofft auftreten. Sogar geübte Schwimmer können von solchen Strömungen ins offene Meer hinausgezogen werden. Das Ankämpfen dagegen ist aussichtslos und führt nur zum sehr raschen Ermüden. Es hilft nur, Panik zu unterdrücken und sozusagen in der Strömung (Kraft sparend) annähernd parallel zum Strand/zur Küste zu schwimmen. Irgendwann lässt die Strömung nach und dann benötigt man Kraft, um den Strand zu erreichen. Zudem gibt es die Flaggenfarbe **Violett.** Sie warnt vor gefährlichen Meerestieren. Dies können z. B. viele Quallen sein, aber auch Haie werden immer mal wieder vor der Küste gesichtet.

Stadttouren

Wer möchte, kann im Stadtgebiet von Miami (vor allem in South Beach) zu Land und zu Wasser an geführten Touren teilnehmen.

› **Big Bus Tours,** Tel. 800/3368233, Bayfront Park, 301 Biscayne Boulevard, www.bigbustours.com. Erkundungs- und Erlebnisfahrten im gesamten Stadtgebiet mit großen, oben offenen Doppelstockbussen. An 20 Stationen kann man die Busse jederzeit verlassen und später wieder *(hop-on, hop-off)* zusteigen. Tickets gelten 24 Stunden oder 48 Stunden und kosten ab $ 39 (erhältlich beim Fahrer). Online bekommt man sie derzeit mit 15 % Rabatt.

› **Duck Tours South Beach,** 1661 James Avenue, Miami Beach, Tel. 305–6732217, www.ducktourssouthbeach. com. Ausflüge in Amphibienfahrzeugen, die auf den Straßen von South Beach fahren und später zwischen MacArthur Causeway und Venetian Causeway als

Boot die Inseln umrunden. Tickets für die 90-minütige Tour kosten $ 32. Man kann sie entweder online oder bei Tourveranstaltern in South Beach kaufen.

› **Island Queen Cruises,** 401 Biscayne Boulevard (Bayside Marketplace), Downtown, Tel. 305–3795119, www.islandqueencruises.com. Täglich mehrfach Fahrten zwischen Bayside und South Beach. Tickets kosten ab $ 27.

› **Bike and Roll Miami,** 210 10th Street, Miami Beach, Tel. 305–6040001, www.bikeandroll.com, tgl. 9–17 Uhr. Bike and Roll bietet drei- bis vierstündige geführte Touren mit einem Segway in und um South Beach ($ 59). Eine zweite Station befindet sich im Bayside Marketplace (s. S. 26).

⌂ *Mit dem Big Bus kann man per Hop-on-hop-off-Tour die Stadt erkunden*

Telefonieren

Fast jeder in Miami telefoniert ständig mit seinem Smartphone oder ist damit im Internet unterwegs. Benutzer von Mobiltelefonen (**mobile phone** bzw. **cellphone/cellular**) werden sich hier wohlfühlen. Doch das gilt nur, wenn man über ein gut gefülltes Konto verfügt, denn bei deutschen Anbietern entstehen hohe **Roaminggebühren**. Und das gilt auch, wenn man nur Anrufe (und zum Teil auch SMS) erhält. Wer nicht auf das Mobiltelefon verzichten mag, sollte die Mailbox ausschalten und zudem den Internetzugriff des Gerätes sperren oder vom Anbieter für die Dauer der Reise sperren lassen. Dann muss man nur noch klären, ob das eigene Mobiltelefon in den USA überhaupt funktioniert, denn hier gilt statt des 900/1800-MHz-Standards der US-Standard 1900 MHz, d. h. nur **Triple- oder Quad-Band-Geräte** können hier betrieben werden (Smartphones sind das aber in der Regel). Gehört man zu den Vieltelefonierern, kann es sich lohnen, in den USA eine **Prepaidkarte** zu kaufen. Die bekommt man z. B. bei den Anbietern AT&T, T-Mobile oder Verizon. Allerdings funktionieren sie nur in SIM-lock-freien Geräten (testen). Die Karten liegen je nach Tarif um die $ 50, mit denen man dann ca. 30 Minuten (nach Übersee) telefonieren kann.

Vorwahlen

Deutschland: 011–49
Österreich: 011–43
Schweiz: 011–41
USA: 001
Miami: 305

Zu ähnlichen Tarifen kann man auch ein Set aus Karte und einfachem Mobiltelefon kaufen. Dazu kommt dann noch eine Telefonoption für Anrufe nach Übersee. Manchmal kann die Freischaltung der Karte mehrere Tage dauern. Einfacher und billiger sind Telefonate von einem der **öffentlichen Fernsprecher**, die man in Hotels, Restaurants, an Tankstelle und Supermärkten findet. Hier benötigt man Kleingeld oder eine Telefonkarte (erhältlich an Tankstellen, in Supermärkten), die dann mittels eines Zugangscodes günstige Verbindungen ermöglicht. Von Hotelzimmern aus kommen zum Telefonat stets hohe Gebühren hinzu.

Preiswerter bzw. kostenlos ist die Telefonie über das Internet, z. B. mit **Skype**. Dazu benötigt man ein Laptop oder ein Mobiltelefon mit WLAN-Option (WiFi). Entweder kommuniziert man dann zu einem anderen Computer (kostenlos) oder ruft Festnetz- oder Mobiltelefonnummern an.

Bei Telefonaten kann man zunächst die „0" wählen, dies ist der **Operator** (Vermittlung), der bei Problemen hilft. Für **Ferngespräche** in den USA muss man die „1" vorwählen, dann den dreistelligen **area code** (für Miami 305), dann die Nummer. Meist erfährt man zuerst per Computerstimme die Gebühren.

Informationstelefonnummern beginnen meist mit 800, 866, 877 oder 888 und sind gebührenfrei. Oft werden Rufnummern nicht als Ziffernfolge, sondern als Text angegeben, d. h. jedem Buchstaben ist eine Ziffer von 2 bis 9 zugeordnet (2 – ABC, 3 – DEF, 4 – GHI, 5 – JKL, 6 – MNO, 7 – PQRS, 8 – TUV, 9 – WXYZ). So lautet die Rufnummer von Billy Swamp Safari 800-GO-SAFARI, also: 800–46723274).

Uhrzeit

Miami liegt im Bereich der **Eastern Standard Time (EST)**, die der Mitteleuropäischen Zeit (MEZ) um 6 Stunden „hinterherhinkt". Vom letzten Sonntag im März bis zum letzten Sonntag im November wird auf **Sommerzeit** *(daylight saving time, DST)* umgestellt. Alle Uhrzeiten werden im **12-Stunden-Rhythmus** angegeben, bei dem die Buchstaben „a.m." (ante meridiem, vor Mittag) und „p.m." (post meridiem, nach Mittag) die Tageshälfte angeben. „1 a.m." bedeutet also 1 Uhr morgens, während „1 p.m." für 13 Uhr steht. Bei **Datumsangaben** wird zunächst der Monat genannt, dann der Tag, abschließend das Jahr.

Unterkunft

Unterkünfte sind in Greater Miami zahlreich, aber auch sehr unterschiedlich. Letzteres gilt vor allem für den Preis und den damit verbundenen Service, die Lage und die Sauberkeit. Grundsätzlich kann man die Unterkünfte in vier Kategorien einteilen: **Hotels** befinden sich vornehmlich in South Beach und Downtown. **Resorts** (oder **Resort Hotels**) sind große Ferienanlagen, die in Strandnähe liegen, fast immer einen Strandzugang haben und viele Freizeitmöglichkeiten bieten. **Motels** sind fast mit Hotels identisch, liegen aber verkehrsgünstig an Interstates oder US Highways, sodass sie ideal für ein oder zwei Übernachtungen sind. Hier wohnt, wer auch etwas weitere Strecken fahren kann, man bekommt dafür aber auch günstigere Preise. **Hostels** sind kleinere und vor allem sehr preiswerte Unterkünfte (www.hostels.com). Sie sind eine Mischung aus Jugendherberge und einfachem Hotel. Hier übernachten vornehmlich jüngere Menschen.

Ideal ist es, zumindest für die erste Nacht schon von daheim ein Zimmer zu buchen, um sich nicht direkt dem Stress der Hotelsuche aussetzen zu müssen. Ab der Folgenacht ist es dann vom jeweiligen Typ abhängig, ob man sich ein preiswerteres oder besseres Zimmer sucht oder bleibt. Wer sparen möchte, sucht vor Ort, am besten mit einem Gutscheinheft von **Roomsaver**. Man sollte aber immer beim Check-in fragen, für wie viele Nächte man den Sonderpreis bekommen kann!

Fast immer sind die **Zimmer** großzügig. Die Bezeichnung „double", weist auf das Vorhandensein von zwei großen Queen-size-Betten hin (in einem solchen Zimmer können vier Personen schlafen; in fast allen Motels ist dies Standard), „twin" auf zwei Einzelbetten (was es in Miami aber kaum gibt). Wer ein (sehr) großes Bett möchte, wählt ein Zimmer mit King-size-Bett. Ausnahmen bei der Zimmergröße gibt es in South Beach, wo man die alten Art-déco-

Roomsaver

Möglichst rasch nach der Ankunft sollte man sich die **Roomsaver-Broschüre** (z. B. bei Restaurants der Denny's-Kette, s. S. 40) besorgen und kann danach über das Coupon-System sehr günstige Zimmerraten bekommen. Die Zimmer sind zwar selten am Strand, dafür locken auch sonst recht teure Häuser mit ausgesprochen guten Preisen. Alternativ kann man einige der Zimmer auch über www.hotelcoupons.com buchen.

060mi Abb.: ho

Häuser zwar renoviert hat, die Zimmer aber oft klein waren und geblieben sind.

Will man mehr Platz, bucht man eine **Suite** mit einem Schlafzimmer (one bedroom) oder mehreren (z. B. two bedrooms). Fast alle Zimmer sind in ihrer Grundausstattung identisch, d. h. Bett, Nachtschrank, Schreibtisch, Fernseher, Beistelltisch, Kaffeemaschine, Bad mit Dusche (oder Wanne), Toilette und Waschbecken, das in einfacheren Motels oft in einer abgeteilten Ecke des Zimmers untergebracht ist.

Motels

Günstig reist, wer nicht in den teuren Hotels am Strand absteigt, sondern in Motels wohnt. Hier hat man zudem den Vorteil, stets einen **Parkplatz** für den Mietwagen zu bekommen (meist kostenlos), während Strandhotels oft keinen Parkplatz besitzen oder man dort horrende Preise fürs Parken zahlen muss. Motels kann man bezüglich ihrer jeweiligen Ausstattung (vor allem das Bett und das Bad sind hier relevant), des Service und der Preise grob in drei Gruppen einteilen.

Wenn es nur um den **Preis** geht, sind die Motels der einfachen Kategorie auf den ersten Blick wirklich unschlagbar, allerdings muss man hier das zusätzliche Frühstück einkalkulieren. Bei mehreren Personen kommt man dabei leicht auf $ 20 und muss noch ein Lokal zu finden. Etliche Gruppen der mittleren und gehobenen Klasse haben zudem **Kundenprogramme**, in denen man für die Übernachtung Punkte sammelt. Zumindest für Menschen, die öfter reisen, kann sich das lohnen, da die Mitgliedschaft kostenlos ist und man ab einer bestimmten Punktezahl bzw. bestimmten Übernachtungszahlen Gratisnächte bekommt. Alternativ kann man die Punkte z. B. auch zu einigen Mietwagenagenturen übertragen.

Einfache Motels

Zu dieser Gruppe gehören die Häuser von **Motel 6**, **Days Inn**, **Super 8** und **TraveLodge**. Bei ihnen gibt es große Zimmer, die im Prinzip allen Ansprüchen genügen. Sie besitzen einen Pool und bieten manchmal auch gegen Aufpreis ein Frühstück. Oft befindet sich auf dem Gelände des Motels auch ein Coffeeshop oder ein Diner bzw. Fastfood-Restaurant. In puncto Sauberkeit sollte man allerdings nicht allzu große Ansprüche stellen, dafür sind Zimmer hier mit etwa 50 bis 60 $ sehr günstig (zumal hier dann bis zu vier Personen schlafen können).
› www.motel6.com
› www.daysinn.com
› www.super8.com
› www.travelodge.com

◁ *Groß, aber nicht erdrückend –
die Hotels am Strand*

Mittelklasse

Zu den Mittelklasse-Motels gehören die Häuser von **Best Western, Comfort Inn, Econo Lodge, Holiday Inn, Howard Johnson, Ramada** und **Sleep Inn**. Die Anlagen sind häufig etwas weniger groß und machen einen familiäreren Eindruck. Ein Continental Breakfast ist fast immer im Preis enthalten, sodass man morgens Toast, Marmelade, Cerealien, Kaffee/Tee, Saft und/oder Obst und manchmal auch Ei und Schinken bekommt. Man kann in diesen Häusern schon für $ 50 ein Zimmer bekommen, in der Regel sollte man aber mit etwa $ 60 bis 80 rechnen (auch hier sind die Zimmer meist groß genug für vier Personen).

❯ www.bestwestern.com
❯ www.comfortinn.com
❯ www.econolodge.com
❯ www.holiday-inn.com
❯ www.hojo.com
❯ www.ramada.com
❯ www.sleepinn.com

Gehobene Klasse

Zur gehobenen Klasse gehören z. B. Häuser von **Hampton Inn, Marriot** und **Radisson**. Sie alle sind schon mehr Hotels als Motels, jedenfalls was die gemütliche Ausstattung der Zimmer und den Service des Personals angeht. Hier gehört neben dem Pool auch ein Fitnesscenter zum Haus. Im Preis, der ab ca. $ 75 beginnt, aber auch leicht $ 150 betragen kann, ist auf jeden Fall für alle im Zimmer übernachtenden Gäste ein „Hot Breakfast" enthalten, d. h. neben dem Continental Breakfast gibt es Ei, Kartoffeln o. Ä., Schinken, Burger, Obst, Joghurt und Haferflocken.

❯ www.hamptoninn.hilton.com
❯ www.marriot.com
❯ www.radisson.com

EXTRATIPP

Hampton Inns
Die Hampton Inns gehören zur Hotelgruppe Hilton. Ist man (kostenlos, z. B. über www.hilton.com) Mitglied bei Hilton HHonors, bekommt man pro Aufenthalt in einem der Häuser einen sogenannten „Stay" gutgeschrieben. Je häufiger man hier wohnt, desto mehr zusätzliche Privilegien genießt man (z. B. early check-in, late check-out, Zimmerupgrade). Ist man einmal nicht zufrieden, greift die sogenannte „100 % Satisfaction Guarantee": Wenn man den Grund der Unzufriedenheit mitteilt, ist die Übernachtung gratis! Von diesen Hotels gibt es im Großraum von Miami insgesamt sieben, sodass man eigentlich stets ein Zimmer finden kann.

Preiskategorien

Die Preiskategorien gelten für ein Doppelzimmer, in dem häufig bis zu vier Personen übernachten können.

$	bis $ 80
$$	$ 80–140
$$$	$ 140–220
$$$$	über $ 220

Unterkunftsempfehlungen

🏨**145** [E6] **Bikini Hostel** $, 1255 West Ave., www.bikinihostel.com, Tel. 305-2539000. Mehrbett- und Doppelzimmer zu guten Preisen. Ausstattung, Service und Sauberkeit sind top. Mit Pool und Jacuzzi. Hier fühlen sich vor allem junge Menschen wohl!

🏨**146** [F6] **Cardozo Hotel** $$$, 1300 Ocean Dr., Tel. 305-5356500, www.cardozohotel.com. Hinter der Art-déco-Fassade des Hotels am berühmten Ocean Drive warten 43 elegante Zimmer. Viele Gäste kommen auch hierher, um einen Blick auf die Besitzerin Gloria Estefan zu erhaschen, die aber nur selten anwesend ist.

147 [F6] **Clay Hotel** $, 1438 Washington Ave., Tel. 305-5342988, www.clayhotel. com. 1925 gebaut, erlangte das Art-déco-Gebäude in den 1930er-Jahren Berühmtheit, weil Al Capone hier sein Glücksspielgeschäft betrieb. Heute zieht die preiswerte Unterkunft vor allem junge und feierfreudige Menschen an. Zudem liegt das Hotel in einem Partybereich der Stadt, sodass es nachts auch laut werden kann.

148 [F7] **Clevelander** $$$, 1020 Ocean Dr., www.clevelander.com, Tel. 305-5313485. Eine der Partyhochburgen von South Beach. Die kleinen, aber nach einer Renovierung sehr stylisch eingerichteten Zimmer sind etwas für Menschen, die mit wenig Schlaf auskommen. Ab dem späten Nachmittag ist der Poolbereich Partyzone mit viel Musik, die erst in den frühen Morgenstunden endet.

149 [E10] **Fisher Island Club** $$$$, One Fisher Island Dr., Tel. 305-5356000, www.fisherislandclub.com. Die Preise sind zugegeben hoch, dafür logiert man hier aber auch an einer der besten Adressen Miamis. Die Insel südlich von South Beach ist nur mit der Fisher-Island-Fähre (gratis Autofähre, aber nur für Gäste oder eingeladene Besucher) oder dem Helikopter erreichbar. Hier haben internationale Stars ihre Wohnungen, hier fährt man Golfcaddies im Rolls-Royce-Design, kurz gesagt, hier ist man sicher und unter sich. Wer sich etwas gönnen möchte, kann es hier so richtig genießen.

150 [G1] **Fontainebleau Miami Beach** $$$$, 4441 Collins Ave., Tel. 305-5382000 und 800-5488886, www.

fontainebleau.com. Luxuriöses und damit auch teures Haus, doch die Lage am herrlichen Sandstrand von Miami und der perfekte Service entschädigen für den Preis. Das Hotel ist ein Wahrzeichen der Stadt, denn es wurde schon in den 1950er-Jahren gebaut und diente seitdem als Kulisse für viele Filme. So kommt der Gebäudekomplex im Trailer von Miami Vice ebenso vor wie in verschiedenen Szenen des Bond-Klassikers „Goldfinger". Unnötig zu erwähnen, dass Stars gerne hier absteigen.

151 [bl] **Hampton Inn Miami-Airport West** $$, 3620 NW 79th Avenue, Miami, Tel. 305-5130777, www.hamptoninn. hilton.com. Besonders für die erste oder letzte Nacht ideal, da man mit dem Mietwagen sehr schnell am Flughafen ist. Saubere Zimmer und ein Pool. Das umfangreiche warme Frühstücksbuffet ist im Preis enthalten. Jedes Zimmer verfügt über WLAN.

152 [bl] **Hilton Garden Inn Miami Airport West** $$, 3550 NW 74th Avenue, Miami, Tel. 305-6297701, www.hiltongarden inn.hilton.com. Ideale Lage in Flughafen- und Autobahnnähe. Von hier ist man schnell in allen Teilen der Stadt. Die Ausstattung der Zimmer ist sehr gut, der Pool groß und geheizt, was man besonders im Herbst und Winter schätzt.

153 [fk] **Motel Blu** $$, 7700 Biscayne Boulevard, Downtown, Fax 305–7578451, www.motelblu.com. Das Motel im MiMo District vereint gekonnt die Moderne mit Stilelementen aus den 1950er- und 1960er-Jahren. Hier findet man geschmackvoll eingerichtete Zimmer und einen hübschen Pool.

154 [gj] **Ocean Surf Hotel** $-$$, 7436 Ocean Terr., Tel. 305-8661648, www.oceansurf.com. Frisch renoviertes Haus in Toplage am Strand, dafür aber etwa 15 bis 20 Autominuten nördlich von South Beach. Die Zimmer sind klein, aber hübsch.

🏠**155** [F8] **South Beach Hostel** $, 235 Washington Ave., Tel. 305-5346669, www.southbeachhostel.com. Neben Schlafsälen mit bis zu 10 Betten (z. T. nach Geschlechtern getrennt) gibt es auch einfach ausgestattete private Zimmer. Zum Haus gehören ein Fernseh- und Internetraum und eine Küche.

🏠**156** [F5] **Surfcomber** $$$, 1717 Collins Ave., www.surfcomber.com, Tel. 305-5327715. Modern gestaltetes Hotel direkt am Meer, ideal auch für Familien.

🏠**157** [F7] **The Avalon** $$$, 700 Ocean Dr., Tel. 305-5380133, www.southbeachhotels.com. Tolle Lage im Herzen des Art Deco District. Das bedeutet aber auch recht hohe Preise für vergleichsweise kleine Zimmer. Wer wegen der tollen Aussicht zum Ocean Drive hin wohnen möchte, sollte unempfindlich gegen Lärm sein oder Ohropax mitnehmen.

061mi Abb.: ho

Verhaltenstipps

❯ Ein Schild mit der Aufschrift „**No shirt, no shoes, no service**" weist darauf hin, dass man in Bars, Geschäften oder Restaurants nur bedient wird, wenn man angemessen gekleidet ist!

❯ **Oben ohne** *(topless)* **zu baden,** ist ein Tabu, obwohl die Kleidung (zumeist bei Frauen) ansonsten sehr knapp ausfallen kann. Komplett nackt zu baden, kann harte Strafen nach sich ziehen. Mittlerweile hat sich aber im Süden von South Beach aber durchaus eine Oben-ohne-Badekultur etabliert und am Haulover Beach (s. S. 54), im nördlichen Teil von Miami Beach, gibt es einen offiziellen FKK-Strand.

❯ **Trinkgelder** *(tips, gratuity)* sind in den USA ein elementarer Bestandteil des Einkommens der Mitarbeiter. Ca. 15 % bis 18 % des Rechnungsbetrags gelten in **Restaurants** oder **Taxis** als üblich. Die Summe wird entweder bar auf den Tisch gelegt oder auf dem Kreditkartenbeleg zur Summe (die Belege enthalten eine Extrazeile) addiert. Im Restaurant kein Trinkgeld zu geben, gilt als unhöflich, sollte also auch nur dann passieren, wenn man wirklich unzufrieden war. Dann muss man aber darauf achten, bei einer Kartenzahlung unbedingt die „tipp"-Spalte zu streichen, damit nicht später noch etwas eingetragen und abgebucht wird (kommt es dennoch dazu, kann man anhand des Original-Beleges sein Geld vom Kreditkartenunternehmen zurückfordern). **Zimmermädchen** *(maid)*, **Pagen** *(bellboy)* und **Parkwächter** *(parking attendant)* bekommen pro Tag bzw. Gepäckstück bzw. Serviceleistung einen oder zwei Dollar.

🔺 *Ein freundlicher Hinweis:*
Bitte keinen Müll ins Meer werfen!

Verkehrsmittel

Die aktuellsten Informationen rund um die öffentlichen Verkehrsmittel bekommt man unter www.miamidade. gov/transit.

Busse

In Miami gibt es den **Beach Flyer** bzw. **Airport Flyer**, mit dem man zwischen dem Flughafen und Miami Beach pendeln kann und der außer einem Stopp an der Earlington Heights Metrorail Station über South Beach nach Downtown fährt. Dieser Bus (Linie 150) fährt am Flughafen vom Concourse E ab dem Lower Level täglich zwischen 6 und 23 Uhr im Halbstundentakt. Die Tickets kosten $ 2,35 (Barzahlung).

Easy Card – Easy Ticket

Easy Card und Easy Ticket sind ungefähr identisch, nur besteht Erstere aus Plastik, Letztere aus Papier. Das Easy Ticket ist mehr für Personen gedacht, die die Busse nur kurzfristig nutzen, denn es läuft nach 60 Tagen automatisch ab. Die Karten arbeiten nach dem **Smart-Card-Prinzip**, d. h. ein eingebauter Chip kann an Automaten **mit Geld aufgeladen** werden. Man findet diese Automaten z. B. im Flughafen im Bereich des Central Terminal E, Ground Level, an der Bushaltestelle, an Metrorail-Stationen oder an speziell gekennzeichneten Geschäften. Beim Einsteigen in den Bus hält man das Ticket an das Lesegerät am Eingang und der Fahrpreis wird vom vorhandenen Konto abgebucht.

> **Informationen** unter www.miami dade.gov/transit/easy-card.asp

Alternativ gibt es den **Metrobus**, der mit den Linien 37, 42, 57, J, East-West-Connection und Airport-Tri-Rail Station Shuttle (133) zu verschiedenen Punkten in Miami-Dade County fährt. Die oben genannten Linien bieten jeweils Anschluss an nahe gelegene Metrorail-Stationen. Die Busse fahren ebenfalls zwischen 6 und 23 Uhr, allerdings nur an Werktagen. Das Ticket kostet $ 2 und kann entweder bar oder mit der **Easy Card** bzw. dem **Easy Ticket** bezahlt werden.

Bahn

Bahnen verkehren als Metrorail, Metromover oder Tri-Rail. Der **Tri-Rail** eignet sich vorwiegend für Fahrten außerhalb von Miami-Dade, also mindestens bis Fort Lauderdale ($ 5). Anders die **Metrorail**, die ab der Station Earlington Heights bestiegen werden kann (dorthin mit Metrobus 17, 22, 150). Die Züge fahren täglich von 5 bis 24 Uhr, in den Stoßzeiten im 7- bis 8-Minuten-Takt, mittags im 15-Minuten-Takt und ab 19.30 und an Wochenenden alle 30 Minuten. Eine Fahrt kostet $ 2 und man kann mit dem Easy Ticket bezahlen.

Von der Metrorail kann man im Bereich etwa zwischen der US395 und dem Financial District an verschiedenen Stationen in den **Metromover** umsteigen. Diese elektrische und ferngesteuerte Bahn fährt täglich zwischen 5 Uhr und Mitternacht auf einer Hochtrasse durch den Bereich Downtown Miami und bedient so insgesamt 20 Stationen. Und das Beste? Jede Fahrt ist gratis!

▷ *Mit den Yellow Cabs kann man auch ohne Mietwagen Touren unternehmen*

062mi-Abb.: ho

Taxi

Verschiedene Unternehmen (Metro Cab, Yellow Cab, Super Yellow Cab, Central Cab und Flamingo Cab) sind mit über 2000 Fahrzeugen im Stadtgebiet unterwegs. Neben **Flatrates** (etwa $ 32 vom Airport nach Miami Beach) gibt es zeit- bzw. entfernungsabhängige **Gebühren.** Sie belaufen sich auf einen Startpreis von $ 2,50 und $ 2,40 pro Meile sowie $ 0,40 pro Warteminute (z. B. an Ampeln, im Stau etc.). In den Flatrates sind die Airport-Gebühr ($ 2) und die Straßengebühren bereits enthalten, die sich zu den Taxametergebühren noch addieren.

Wetter und Reisezeit

Florida und damit auch Miami werden mit **Sonne** und **hohen Temperaturen** gleichgesetzt, was auch den Werbebegriff „Sunshine State", der überall zu sehen ist, unterstützt. Und der Slogan stimmt. Obwohl Miami immer noch nördlich des nördlichen Wendekreises und damit eigentlich außerhalb der Tropen liegt, ist das Klima hier durch feuchte Wärme geprägt und die Temperaturen sinken nie unter 18 °C, was der Definition von **tropischem Klima** entspricht.

In Miami gibt es eigentlich nur zwei Jahreszeiten: den weitgehend trockenen Winter mit milden Temperaturen, die empfindliche Menschen zumindest bei Wind allerdings schon am Bad im Meer hindern können, und den schwül-heißen Sommer, der mit Temperaturen deutlich über 30 °C aufwartet und bis zu 13 Regentage hat.

Miami ist ein Ganzjahresziel, als **Hauptreisezeit** gelten aber die Monate zwischen Oktober und April. Im Oktober ist es noch sehr warm, im Dezember und Januar angenehm kühl und trocken und im März schon wieder schön warm.

Wer vor allem auch zum Schwimmen herkommt, der findet im August **Wassertemperaturen** von bis zu 30 °C vor, die dann im Dezember aber auf etwa 20 °C sinken. Während es in den Herbst-, Winter- und Frühjahrsmonaten recht trocken ist, nimmt die **Regenwahrscheinlichkeit** im Sommer stark zu. Fast jeden Tag kommt ein kräftiger Guss von oben, oft begleitet von heftigsten Gewittern. Zudem ziehen alljährlich Tropenstürme über den Staat, die sich auch immer wieder mal zu einem **Hurricane** entwickeln.

Die meisten **Touristen** kommen aufgrund der angenehmen Temperaturen in den Wintermonaten, was zu vergleichsweise hohen Preisen und an beliebten Sightseeing-Punkten (wie dem Seaquarium) manchmal zu langen Wartezeiten führt. Wenn man Hitze gut ertragen kann, sollte man daher auf die europäischen Sommermonate ausweichen. Dann sind weniger Touristen unterwegs, die Preise sind niedriger und man kann überall problemlos ein Zimmer bekommen. Und wenn es dann mal regnet, dauert es meist nicht sehr lange. Der einzige Nachteil: In den Everglades ㉑ sind dann die Mücken eine wirkliche Plage. Hunderte dieser Blutsauger scheinen sich Tag für Tag zu langweilen und stürzen sich gemeinsam auf die wenigen Besucher.

Hurricanes

Während ein tropischer Sturm mit Windgeschwindigkeiten von bis zu 118 km/h daherkommt, muss ein Hurricane mindestens **Orkanstärke** haben (ab 119 km/h Windgeschwindigkeit). Damit entfaltet sich eine immens zerstörerische Kraft. Ein solcher Sturm hat ein Ausmaß von bis zu 500 km und ca. 15 km Höhe. Die Luft kreist gegen den Uhrzeigersinn um ein 30 km großes Zentrum, das **Auge des Sturms.** In diesem Auge sinkt die Luft bei einem Druck von nur noch 880 hPa (Hektopascal) zu Boden. Solche Stürme können über dem Meer entstehen, wenn die Wassertemperatur

mind. 26 °C beträgt und die Luft darüber langsam an Temperatur verliert. Je größer das Gebiet, desto gleichmäßiger baut sich der Sturm auf. Dies allerdings muss etwa 600 km vom Äquator entfernt geschehen, damit die Luftmassen für die Rotation sorgen können. Diese Bedingungen herrschen z. B. über dem Atlantik, sodass hier alljährlich tropische Stürme entstehen, die zum Hurricane wachsen können und in der Karibik oder den Südstaaten der USA „an Land gehen".

In Florida muss man mit Hurricanes immer **zwischen dem 1. Juni und dem 30. November** rechnen. Aktuelle Informationen gibt es dann bei allen TV-Sendern und im Internet beim **National Hurricane Center:** www.nhc. noaa.gov. Kommt es zur Hurricane-Warnung, bekommt man in seinem Hotel Anweisungen, an den Straßen stehen überall Hinweisschilder zum nächstgelegenen *hurricane shelter,* also einem sicheren Unterstand.

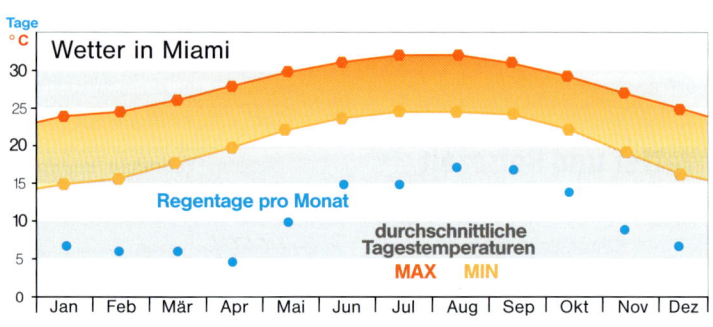

Anhang

005mi Abb.: ho

Kleine Sprachhilfe Amerikanisch

Für einen tieferen Einstieg in die Sprache seien an dieser Stelle die Reisesprachführer „Amerikanisch – Wort für Wort" (Kauderwelsch-Band 143), „American Slang" (Kauderwelsch-Band 29) und „More American Slang" (Kauderwelsch-Band 67) aus dem REISE KNOW-HOW Verlag empfohlen.

Begrüßung und Höflichkeit

Guten Morgen	*Good morning* (bis mittags)
Guten Tag	*Good afternoon* (ab mittags)
Guten Abend	*Good evening*
Gute Nacht	*Good night*
Auf Wiedersehen	*Good bye/Bye-bye/ See you* (umgangssprachlich)
Willkommen!	*Welcome!*
Mein Name ist ...	*My name is ...*
Wie heißen Sie?	*What's your name?*
Schön Sie/Dich kennenzulernen/zu sehen.	*Nice/Good to see you.*
Entschuldigen Sie ...	*Excuse me, please, ...* (bei Fragen)
Verzeihung!	*Sorry/Pardon me!*
Bitte	*Please* (bei Fragen, Bitten)
Danke	*Thank you/Thanks*
Bitte, gern geschehen	*You are (very) welcome*
Könnten Sie mir bitte sagen ...	*Could you, please, tell me ...*

Allgemeine Fragen und Wendungen

Ich bin/Wir sind ...	*I am .../We are ...*
Das ist/sind ...	*This is/These are ....*
Wo ist/sind ...?	*Where is/are ...?*
Wo kann ich ... bekommen?	*Where can I get ...?*
Was ist das?	*What's that?*
Haben Sie ...?	*Have you got ...? I am looking for ...*
Wie viel kostet ...?	*How much is ...?*
Ich verstehe nicht.	*I don't understand.*
Sprechen Sie Deutsch?	*Do you speak German?*
Wie heißt das auf Englisch?	*What's that in English?*
vielleicht	*perhaps, maybe*
wahrscheinlich	*probably*
Ist es möglich ...?	*Is it/Would it be possible ...?*
Wer?	*Who?*
Was?	*What?*
Wie?	*How?*
Wie viel(e)?	*How much?* (Menge) *How many?* (Anzahl)

+++ NEU: Die wichtigsten Wörter mit dem Bonus-Audiotrack des Kauderwelsch-

Zeit

Wie spät ist es?	*What time is it?*
Es ist 10 Uhr	*It's 10 a.m. (ante meridiem)*
Es ist 22 Uhr	*It's 10 p.m. (post meridiem)*
Mittag/Mitternacht	*noon/midnight*
heute	*today*
morgen	*tomorrow*
gestern	*yesterday*
morgens	*in the morning*
nachmittags	*in the afternoon*
abends	*in the evening*
früh/früher	*early/earlier*
spät/später	*late/later*

Wochentage

Montag	*Monday*	Freitag	*Friday*
Dienstag	*Tuesday*	Samstag	*Saturday*
Mittwoch	*Wednesday*	Sonntag	*Sunday*
Donnerstag	*Thursday*	Feiertag	*holiday*

Geldangelegenheiten

Geld, Kleingeld, Bargeld	*money, change, cash*
1 Dollar ($)	*„buck" (100 cent)*
1/5/10/25 Cent (c.)	*penny/nickel/dime/quarter*
Tausender	*grand*
Geldautomat	*ATM (automated teller machine)*
Kreditkarte	*credit card*
Reisescheck	*travelers cheque/check*
Ausweis	*ID (identification papers/card), passport*
Steuer	*tax*
Gebühr	*fee*

Unterwegs

Wie weit ist es bis ...?	*How far is it to ...?*
Ist das der richtige Weg nach ...?	*Is this the right way to ...?*
Nord, Süd, Ost, West	*north, south, east, west*
links, rechts	*left, right*
geradeaus, zurück	*straight (ahead), back (to)*
Ampel, Kreuzung	*traffic light(s), junction*
Auto/Mietwagen	*car, vehicle/rental car*
Autovermietung	*car rental station*

AusspracheTrainers auf PC oder Smartphone lernen (siehe Umschlag hinten) +++

Kleine Sprachhilfe Amerikanisch

Lastwagen	*truck*
Motorrad	*motorcycle, bike*
Benzin	*gas*
Tankstelle	*gas station*
Führerschein	*driver's license*
Panne/Pannenhilfe	*breakdown/roadside assistance*

Öffentliche Verkehrsmittel

Fahrkarte	*ticket*
Tageskarte	*day pass*
einfache Fahrt	*one-way trip*
hin und zurück	*round trip*
Schienenverkehr (Tram, U/S-Bahn)	*light rail*
Straßenbahn	*tram, streetcar*
U-Bahn	*subway, metro*
(Bus-)Bahnhof/-Haltestelle	*(bus) station/stop*
Eisenbahn/Bahnhof	*railroad/railroad station*
Schiff/Fähre	*boat/ferry*

Unterkunft

Haben Sie ein Zimmer frei?	*Any vacancy? Do you have a room available?*
Zimmer frei/besetzt (Schilder)	*Vacancy/No vacancy*
Reservierung	*reservation*
Einzel-/Doppelzimmer	*single/double room*
... mit einem Bett/	*... with one (king-size)/*
... mit zwei Betten	*... two (queen-size) beds*
... mit Frühstück	*... breakfast included*
Badezimmer	*bathroom*
Dusche, Badewanne	*shower, bathtub*
WC	*bathroom, restroom, ladies'/men's room*
behindertengerecht	*handicapped accessible/ handicap-accessible*
Aufzug, Treppe, Rolltreppe	*elevator, stairs, escalator*
Stockwerk	*floor*
Parterre/erster Stock	*ground oder auch first floor/second floor*

Essen & Trinken

Speisekarte	*menu*
Ich möchte ... bestellen	*I would like (to order) .../I will take .../*

Rechnung	*check*	Mittagessen	*lunch*
Tagesgericht	*daily special*	Abendessen	*dinner/supper*
Vorspeise	*appetizer*	Bedienung	*waiter/waitress*
Hauptgericht	*entree/entrée*	Trinkgeld	*tip, gratuity*
Nachspeise	*dessert*	essen	*to eat*
Frühstück	*breakfast*	trinken	*to drink*

USA-Geheimtipp
www.cellion.de

Die Cellion USA-Handykarte – ein *Muss* für jeden USA-Reisenden

Fam. Reuter aus Nürnberg, Miami und Keys:

„Gut, dass wir vor unserem Urlaub in Florida von der USA-Handykarte von Cellion erfahren haben. Mit Cellion telefoniert man sehr viel günstiger als mit der deutschen Handykarte."

Felix aus Wiesbaden, Südosten der USA:

„Wir hatten unterwegs Handyversorgung durch Cellion. Stets Netzempfang, günstige Preise, genaue Abrechnung. Klasse!"

Stefan aus Berlin, Urlaub in Florida:

„Großes Lob! Cellion ist *die* Empfehlung für jeden USA-Reisenden."

Sparen auch Sie beim Mobiltelefonieren und mobilen Surfen in den USA. Sie erhalten Ihre USA-Handykarte noch vor Ihrer Abreise – kostenlos und ohne Nutzungsverpflichtung.

Verpassen Sie diese Gelegenheit nicht!

Info und kostenlose Bestellung
www.cellion.de

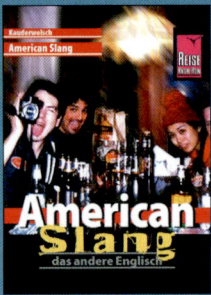

Register

Register

Register

Die Autoren

Klaudia und **Eberhard Homann** bereisen seit Ende der 1970er-Jahre gemeinsam die Welt. Neben europäischen Destinationen führen ihre Reisen sie immer wieder nach Südostasien, in den Mittleren Osten, die USA und nach Mexiko. In Europa sind vor allem Frankreich (hier die Bretagne und die Côte d'Azur/Provence) ihre bevorzugten Reiseziele. Die Freizeitpädagogin Klaudia ist dabei speziell an der kulturellen Vielfalt interessiert, während der Biologe Eberhard überall auf der Suche nach mehr oder weniger exotischen Pflanzen und Tieren ist oder die Unterwasserwelt der Meere erkundet. All ihre Reisen führen die beiden seit 1992 mit ihrer Tochter durch, die sich zunehmend in das aktive Reisen und Recherchieren mit einbringt. So kann man auch in diesem Buch einige Bilder von Tanah Rebecca Homann finden, die sich besonders auf den Schwerpunkt Hotel spezialisiert, nachdem die angehende Psychologin erfolgreich Praktika in internationalen Hotels absolviert hat.

Miami bietet alles, was die drei suchen: Naturerlebnisse, Shoppingmöglichkeiten, eine tolle Nightlifeszene, das Flair von Exklusivität und erst das Wetter – nahezu 365 Tage im Jahr Sonne und ganzjährig badetaugliche Temperaturen. Damit ist Miami für die Autoren das perfekte Ziel, um kurz vor oder nach dem ostwestfälischen Winter Sonne zu tanken.

Schreiben Sie uns

Dieser CityTrip-Band ist gespickt mit Adressen, Preisen, Tipps und Infos. Nur vor Ort kann überprüft werden, was noch stimmt, was sich verändert hat, ob Preise gestiegen oder gefallen sind, ob ein Hotel, ein Restaurant immer noch empfehlenswert ist oder nicht mehr usw. Unsere Autoren sind zwar stetig unterwegs und erstellen alle zwei Jahre eine komplette Aktualisierung, aber auf die Mithilfe von Reisenden können sie nicht verzichten.

Darum: Schreiben Sie uns, was sich geändert hat, was besser sein könnte, was gestrichen bzw. ergänzt werden soll. Wenn sich die Infos direkt auf das Buch beziehen, würde die Seitenangabe uns die Arbeit sehr erleichtern. Gut verwertbare Informationen belohnt der Verlag mit einem Sprechführer Ihrer Wahl aus der über 220 Bände umfassenden Reihe „Kauderwelsch".

Bitte schreiben Sie an:
REISE KNOW-HOW Verlag Peter Rump GmbH, Postfach 140666, D-33626 Bielefeld, oder per E-Mail an: info@reise-know-how.de

Danke!

Liste der Karteneinträge

Liste der Karteneinträge

Hier nicht aufgeführte Nummern
liegen außerhalb der abgebildeten Karten. Ihre Lage kann aber wie bei allen
Ortsmarken im Buch mithilfe unserer
Kartenansichten unter Google Maps™
gefunden werden (s. rechts).

067mi Abb.: ho

Legende der Karten- und Textsymbole

❶	Hauptsehenswürdigkeit
[E5]	Verweis auf Planquadrat im City-Faltplan
✚ ⊕	Arzt, Apotheke, Krankenhaus
❼	Bar, Bistro, Klub, Treffpunkt
⊖	Biergarten, Pub, Kneipe
🕮	Bibliothek
⊖	Café
💈	Denkmal
⊜	Fischrestaurant
🖼	Galerie
🏚	Hostel, Jugendherberge
🏨	Hotel, Unterkunft
❾	Imbiss, Bistro
❶	Informationsstelle
⇦	Kirche
🔲	Mall, Geschäft, Markt
🏛	Museum
❺	Musikszene, Disco, Tanz
🅿	Parkplatz/-haus
🕭	Polizei
✉	Postamt
ⓜ	Restaurant
≋	Schwimmbad
●	Sonstiges
✡	Synagoge
🎭❼ ○	Theater
★	Sehenswürdigkeit
❼	vegetarisches Restaurant
❽	Weinstube
M	Metromover-Station
R	Metrorail-Station
——	Stadtspaziergang (s. S. 20)
⬭	Shoppingareal
⬭	Gastro- und Nightlife-Areal

Mit PC, Smartphone & Co.

Unsere **kostenlosen Begleitservices** unter **www.reise-know-how.de** (auf der Produktseite dieses Titels):

★**Alle Ortsmarken des Buches unter Google Maps™:** Springen Sie im Internet direkt aus unseren thematischen Listen an den genauen Punkt auf der Karte. Luftbildansichten, Fotos und die Streetview-Funktion zeigen ein genaues Bild des Objektes und seiner Umgebung. Weitere Funktionen wie Routenplaner und Verkehrsplan erleichtern die Orientierung vor Ort.

★Smartphone-Nutzern empfiehlt sich der direkte Aufruf dieses Online-Kartenservices als Web-App unter: http://ct-miami.reise-know-how.de

★**Faltplan als PDF mit Geodaten:** Nach dem Speichern auch mobil nutzbar auf allen Geräten mit PDF-Reader. Der aktuelle Acrobat Reader™ stellt Zusatzfunktionen für die Geodaten bereit. Für iPhone/iPad empfiehlt sich die App „PDF Maps" von Avenza™.

★**GPS-Daten aller Ortsmarken:** einfacher Import in GPS-Geräte, Navis und Geosoftware auf PCs und mobilen Geräten

★**Kapitel „Praktische Reisetipps" als kostenloses PDF:** Nach dem Speichern auch mobil nutzbar auf allen Geräten mit PDF-Reader. Darüber hinaus kann das Buch insgesamt oder eine persönliche **Auswahl einzelner Seiten als PDF käuflich erworben** werden.

 ★**NEU**★ **CityTrip als App:** Installieren Sie den **Reise Know-How Guide Store** aus dem iTunes Store bzw. Google Play Store und erwerben Sie buchbegleitende CityTrip-Apps mit vielen nützlichen Funktionen für die mobile Nutzung.

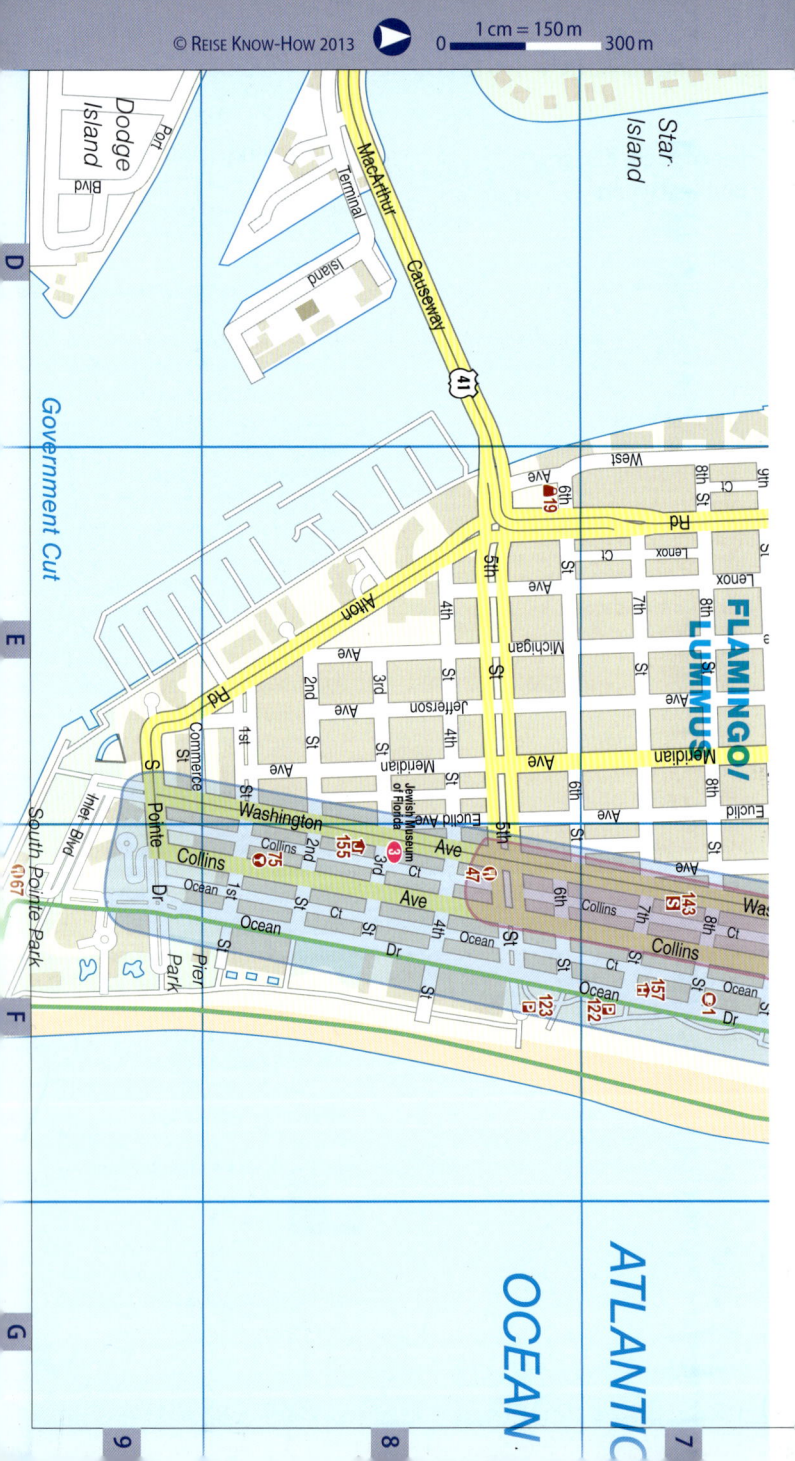

1 cm = 150 m

0   300 m

Dodge Island

Port Blvd

Terminal Island

MacArthur Causeway

41

Star Island

Government Cut

West

6th Ave
19

5th Ave

Lenox Ct

8th St

9th St

Lenox St

FLAMINGO/
LUMMU

Alton Rd

4th Ave

Michigan Ave

7th St

8th Ave

2nd Ave

3rd St

Jefferson Ave

Meridian Ave

Euclid Ave

8th St

Commerce St

1st St

Meridian Ave

4th St

6th Ave

Euclid

South Pointe Park

Biel Blvd

Pointe Dr

Washington Ave

Collins Ave

2nd Ave

155

3rd Ct

3

Washington Ave

5th St

6th St

7th St

Collins Ave

143
S

Was

Inlet Pier

Ocean Dr

1st St

Collins Ct

47

Ocean Ct

4th St

Ocean Dr

8th Ct

Collins Ave

157
1

C1

123
P

Ocean St

122
P

Ocean Dr

ATLANTIC OCEAN